# DOCTORA PUEDE AYUDARME?
# Consejos de una abogada a sus clientes

Escrito por Dra Vanesa Di Cataldo
Abogada, recibida en la Universidad del Salvador 1995, PIL en Universidad de Harvard, Diplomada en Seguridad del Paciente en la Universidad Austral, Especialista en defensa de víctimas de negligencia médica y formación a nivel nacional e internacional a la Comunidad Médica en Prevención de Reclamos Judiciales
estudio.dicataldo@gmail.com
Instagram: @dra_malapraxis
Facebook: Vanesa Di Cataldo
Linkedin: Vanesa Di Cataldo
Youtube: Vanesa Di Cataldo

## AGRADECIMIENTOS:

Agradezco a mis padres que me enseñaron a volar y me dieron las alas, a Daniela Cabrera que siempre me impulsa y especialmente me insistió para que empiece a escribir y transmitir lo que he vivido a lo largo de estos años, a Myriam Creton, que hizo de correctora haciéndome observaciones de valor de esta obra y todos los clientes que han pasado por mi vida y me han enseñado tanto.

## ÍNDICE

1. La vida está llena de decisiones
2. Escuchar el consejo del abogado
3. De mitos y abogados
4. Creencias y Mitos Populares
5. La importancia de asegurar nuestro hogar
6. Vendetta judicial o venganza a la italiana
7. Tengo que pagar si pierdo el juicio? El beneficio de litigar sin gastos
8. Sin prueba no ganamos
9. La importancia del testigo. Prueba testimonial
10. Que debo saber al comprar mi casa. Recaudos Legales
11. Me conviene hacer la sucesión?
12. Mala praxis del abogado
13. Negligencia y daño profesional, cuando?
14. El cliente siempre tiene la razón?
15. Estafas por internet
16. Comprar un auto usado. Consejos
17. Abandonar un juicio: Caducidad de instancia, que significa?
18. Cuanto tiempo tengo para iniciar un juicio? Plazos. Prescripción
19. Abogacía preventiva..existe?
20. Que me corresponde cuando estoy trabajando en negro?
21. Servicio doméstico, que se reclama?

## Prólogo:

Luego de ejercer 25 años la abogacía, esta profesión que me apasiona, éste 2020 en plena pandemia mundial, decidí juntar todos los artículos y notas que tenía escritos -a propósito de las preguntas dudas y consultas que mis clientes y consultantes me hicieran- para juntarlas en un libro de consulta y fácil lectura, para el que no se necesita ninguna preparación académica para leerlo.

***"DRA PUEDE AYUDARME?"*** es la voz de los consultantes y clientes de estos 25 años de profesión, la que si bien se ha circunscripto en la praxis médica en la segunda parte, la primera ha sido en diferentes áreas de acción... Atendiendo desde el albañil de Moreno, cuando tuve oficina allí, cómo al encumbrado médico de Nordelta en su afán de evitar errores futuros, ya que me he ido reinventando y mutando para convertirme en una abogada super especialista en praxis médica, que elige no litigar más hace ya 10 años, que es feliz ya sea escribiendo para una revista jurídica, compartiendo un programa de televisión, dando una taller para prevención del error para la comunidad médica en Costa Rica o recopilando cómo en éste caso las notas y artículos que uds me motivaron a escribir

Éste libro es para uds, para el cliente, el consultante. No es para médicos ni para abogados. Es para el que quiera tener una guía general, ya que toca en estas 120 páginas diferentes tópicos de la vida diaria, desde problemas con un inmueble (compra, venta, afectación como bien de familia, usucapión, etc) hasta la compra de un auto usado o bien cuando un profesional, abogado o médico comete mala praxis.

No creo que exista una pieza escrita similar en el mercado, y creo que merecen tenerla uds, porque los escribí todos estos años para uds

Disfrutenlo !

## 1. LA VIDA ESTÁ LLENA DE DECISIONES

Finalmente todo el tiempo estamos eligiendo....la mejor educación, que estudiar, de qué trabajar, si ponerle o no los aparatos a nuestros hijos, si ese es el mejor profesional para llevar a cabo esa casa, el mejor banco o el más confiable para sacar un

crédito, el mejor empleo, en definitiva: las mejores decisiones.... que todos queremos y creemos tomar.
¿Cómo sabemos cuando estamos tomando la mejor decisión?
Para mí siempre fue importante la experiencia de otros en la misma elección, como les fue a ellos, seguramente me vaya, pero muchas veces, esto no es posible saberlo.
Esos "ellos" serán los vecinos a la hora de comprar una propiedad, serán algunos pacientes a la hora de elegir operarme con ese cirujano estético, serán esos estudiantes actuales a la hora de elegir esa universidad o colegio, o serán esos que ya trataron con ese abogado y me lo recomiendan, y otras veces esos que ya hicieron ese viaje o se hospedaron en ese hotel.
Pero la vida está plagada de decisiones que tomamos por puro instinto sin hablar con todos los que deberíamos, o porque queremos hacerlo, sin importar lo que otros digan
Lo difícil es no poder hablar con estos referentes, que darán el consejo más acertado.
Yo aconsejo pedir referencias del médico antes de operarse (de sus pares, de sus pacientes, de internet, de la obra social, del círculo donde trabaja, hasta un informe comercial!)
Aconsejo saber mucho del abogado antes de contratarlo, cuánto hace que ejerce, (ya que hoy

tener muchos años no significa que se haya recibido joven o sepa mucho), cual es su especialidad, cuántas veces tuvo casos como el que le llevamos, y también, clientes, pares, internet, etc.

Y todo lo que pueda recabar....

Al momento de contratar un arquitecto también pedir referencias, ver sus obras anteriores, ver si está matriculado en el colegio de arquitectos de la jurisdicción, ver como y donde trabaja, con quien, y si tiene experiencia en el tipo de construcción que le vamos a encargar

Y siempre contratar con el profesional: ver que está haciendo, ver como lo está haciendo, sin presión, sin auditar, pero mirar, siempre.

Si Ud va a hacer una inversión inmobiliaria siempre busque la asesoría de un ingeniero civil, porque ciertas cosas podemos dejar de ver en una primera inspección, mucho menos si no conocemos de construcción, problemas de estructura y vicios ocultos.

**No escatime en pago de honorarios, esa es su mejor inversión. Lo que no gasta en asesoramiento, lo pagará con creces cuando tenga el problema, por no haberse asesorado.**

Si decide por la inversión, busque un abogado y escribano de confianza para llevarla a cabo. Solicite comprobantes de servicios públicos, escrituras, pagos de impuestos, expensas, etc. Que su oferta siempre se condicione a que esta documentación esté en orden y así no perder luego.
No olvide los impuestos y comisiones que un negocio inmobiliario implica, no se deje seducir por el valor de venta, haga números, saque el valor final. Calcule las comisiones de la inmobiliaria, honorarios de escribanos, impuestos, transferencia al cheque e impuestos varios, como por ejemplo el Impuesto a la transferencia inmueble (ITI). Consulte a un contador para armar también la parte impositiva correctamente.
Si va a alquilar, busque referencias del inquilino. Alquilar puede ser un buen negocio, (depende el momento del país o el valor del dólar) pero si el inquilino no paga o lo hace tardíamente, deja de serlo. Pida informes comerciales, comprobantes de ingreso, compruebe la veracidad de la garantía y el garante. Cuide entonces a los buenos inquilinos
Y finalmente, siempre que se decide por una opción, se abandona la otra, a resignarse por la que no se optó y a aceptar la decisión tomada y seguir adelante.

## 2. ¿ESCUCHAR EL CONSEJO DEL ABOGADO, O ESCUCHAR EL PROPIO?

Muchos de los clientes que llegan al Estudio vienen dispuestos a saber si lo que les ocurrió fue mala praxis (médica o jurídica) y comenzamos un reclamo luego de solicitar el correspondiente informe médico legal y este nos es favorable.

Sin embargo muchos otros llegan con juicios abiertos llevados por colegas, en la necesidad de cambiar el patrocinio y contratarnos, o simplemente en búsqueda de una segunda opinión.

Si del estudio de ese expediente, surge que la pericia médica (fundamental en los juicios de mala praxis médica) ya fue producida y esta habla de baja incapacidad física, es muy difícil explicarles a estos clientes, que la suma que demandó el colega es solo eso, una suma que se pidió y no la que el juez va a dictaminar.

Recordemos que los jueces se sirven de los peritos (expertos), y que pocas veces las sentencias se apartan de estas pericias, por tanto, si la demanda fue por 400 mil pesos y la pericia médica dice que no hay incapacidad de la víctima que reclama o esta es ínfima (15%) es casi imposible que se llegue a la suma demandada, y esto en la mayoría de los casos, el consultante, no lo comprende.

Noto que está instalado en la idea del otro que sí hizo juicio, duró más de cinco años, el abogado reclamó equis suma, no parece importarles la pericia, y siguen el juicio, creyendo que se harán de una gran suma. Y a pesar de los consejos de esta letrada, por ejemplo de conciliar y cerrar el juicio con un buen acuerdo, atento las circunstancias, o la sugerencia de que la sentencia no será todo lo que ellos estiman, siguen adelante.

Y seguir adelante es llegar a sentencia o a Cámara con una sentencia que los desilusiona y enfurece. El monto de la demanda, no es un cheque al portador a cobrar cuando el juez sentencie, es una solicitud del abogado, que será más o menos, SEGÚN LAS PRUEBAS A RENDIRSE EN EL EXPEDIENTE....

Antes de iniciar un juicio de mala praxis médica debe tenerse la certeza de que esta se cometió. Debe pedirse un informe médico legal.

Un chiquito nacido con parálisis cerebral es terrible para cualquier padre, pero no por eso debemos "suponer" que entonces hubo mala praxis. Sin informe médico que nos favorezca, NO TENEMOS UN CASO, y sin caso, hay un juicio, años invertidos, esperanza del cliente, trabajo del abogado, trabajo del juzgado, gastos que se generan por la tasa de justicia, los honorarios de los abogados y los peritos, pero será una caso a perderse en sentencia. NO HABRÁ INDEMNIZACIÓN SI NO HAY DAÑO.

Con una pericia desfavorable (que claramente dice que no hubo mala praxis) y una sentencia que ratifica esto, no tiene sentido (salvo rarísimas excepciones) ir a Cámara, apelar. Y si el abogado que lleva el caso fundamenta esto en “me tengo mucha confianza en revertir la sentencia de primera instancia”, como escuché semanas atrás, pobre cliente... La autoconfianza es buenísima, pero debe sostenerse con pruebas que nos favorezcan, sino será solo la autoconfianza, y con eso solo no se revierte una sentencia....

Si el colega que lleva el juicio y recibe una oferta de la otra parte en medio de este, el cliente y el abogado deberán evaluarla, no en función del monto de la demanda (me pongo reiterativa) sino en función de cómo va ese juicio...

Tengo la idea de que si me voy a operar y confío en el cirujano, cierro los ojos y me dejó operar. En cambio algunos clientes piden estar despiertos en la operación, y nos dicen que escalpelo usar mientras litigamos o negociamos, como si fueran cirujanos.

No soy cirujana, soy abogada. No siempre tengo razón. Me equivoco. Pero si vienen por mi consejo, me pregunto, ¿ por qué siguen escuchando el propio... ?

## 3. DE MITOS Y ABOGADOS

***Como le saco los papeles a mi abogado? Cómo sé si está haciendo las cosas bien? Puedo ver el expediente sin que se entere? Confío en que lleve el juicio muy bien, es íntimo amigo de la familia...***

Estas son dudas que se plantean todo el tiempo en la cabeza de los clientes, y de forma casi general creen que: los originales de todos los documentos que le entregaron al abogado que contrataron, los tiene en su Estudio, con él y que para decidir ir con otro abogado para que siga la causa "debo sacarle esos papeles"

Este mito popular junto con otros, voto porque desaparezcan.

El abogado que trabajó como corresponde, nunca tendrá más que fotocopias de la documentación en el Estudio, formando una copia del expediente que está en tribunales con la documentación original que necesita el juez y requiere el código para tramitar el juicio, ya que las fotocopias de la documentación, no sirven para demostrar nada, pero los originales, obrarán en el juzgado con toda

seguridad y muchas veces en sobre aparte del expediente, por seguridad.
Si el abogado, por alguna razón ética o no, no inició el juicio y tiene los papeles encima, entonces es el cliente quien debe pedirselos de buena forma o por carta documento al abogado si este se negara.
Si sospecho que no está llevando las cosas como debe, entonces antes que nada, consultarle, si no quedamos satisfechos, ir a ver el expediente a tribunales. Por ser *parte en el* juicio, podemos verlo y revisarlo. Si no entendemos nada de lo que vamos a ver, (qué es lo más lógico) entonces contratar un abogado que lo haga, que tome vista por nosotros y nos diga a conciencia, si se están haciendo las cosas bien.
NO quedará registro de esto ni en el expediente ni sabrá de tal vista el abogado actuante. Aclaremos que el abogado leerá el expediente y tomara notas, pero no se presentara como nuevo abogado hasta que lo designemos en un escrito o le demos poder ante escribano.
Si a quien le consultamos, sin ver el expediente, nos dice que por supuesto que no se está llevando "bien" el juicio, tampoco es serio, no tiene fundamento, deberá verlo antes, a veces personalmente y a veces por Internet.

______________________________________________

________________________________

Si a quien le confiamos nuestro caso, no es especialista en el tema, desgraciadamente deberá derivarlo con otro colega que lo sea, si no lo hace, no estaremos en las mejores manos profesionales, aunque el abogado sea buena persona.

---

---

Y por último, si no estamos conformes con su actuación y dado que un abogado no es dueño del expediente ni del cliente, simplemente pediremos su renuncia al caso, sea por carta documento o bien en el expediente, esperando siempre que se notifique de esto.
Pero antes que nada, nos debería importar más no quedar a la deriva con nuestro juicio, el que sin importar nuestra vinculación con nuestro abogado, seguirá su curso y podrá caducar o quedar sin respuesta o defensa alguna presentación de la otra parte, por tanto, antes de reemplazar al abogado, sugiero tener otro antes que encare las cosas sin paréntesis entre uno y otro...
Recuerden que el abogado cobrará siempre por su actuación, sea a través del convenio firmado con Uds. antes de iniciar el juicio o bien estando a lo que el juez le fije como honorarios hasta donde actuó.NO ambas: o lo que que se pactó por acuerdo de honorarios o lo que regule el juez (que será por la parte del juicio que actuó, no por el total del juicio)

Y algo que quisiera agregar: NINGÚN ABOGADO PUEDE GARANTIZARLE A NINGÚN CLIENTE EL ÉXITO DE UN JUICIO. Si se toparon con algún profesional que lo hizo, no es serio. No todo depende de nosotros, hay un juez, pruebas, y variables que no dependen de nosotros, por eso nuestra profesión no asegura resultados, sino poner de nuestra parte lo mejor que tengamos: experiencia expertise, diligencia, etc.
Aun así hay clientes que hasta no encontrar el abogado que les diga "lo que quieren escuchar", a todos los demás, no los escucharán...Y ese último abogado posiblemente solo cumpla caprichosamente el pedido de ese cliente, y cobrará sus honorarios, pero el resultado, posiblemente no sea el buscado. **Ojo, "llegamos adonde queremos ir, y allí seremos bienvenidos"**

## 4. CREENCIAS Y MITOS POPULARES....

Existen creencias que se han ido tejiendo en el tiempo, que nadie desmiente y que pasan de generación en generación, transformándose en una realidad, cuestiones que por ser abogada me resultan verdaderamente insólitas, aún cuando otros las desconozcan. Por eso las he juntado tipo compendio en esta nota para aclararlas.

1. En primer lugar, **nadie que extravíe la escritura de su casa deja de ser dueño**, es posible rescatar un "segundo testimonio" sea en el Registro de la Propiedad de Pcia o Capital o a veces, si no pasó mucho tiempo, pedirla al escribano que intervino en esa compraventa u operación de que se trate.
2. **Nadie que reciba una carta documento tiene necesidad de cumplir necesariamente con lo que se está pidiendo**, ni alterarse al recibirla, si contratar un abogado y tratar de responder en 48 hs.
3. Si nos piden **salir como testigos tampoco nos van a modificar la vida** ni molestar demasiado, se trata de ir por única vez a Tribunales, declarar la verdad sobre lo que conocemos, y a lo sumo perder un par de horas, recordando que expiden para nuestro trabajo, un justificativo.
4. El poder del abogado es revocable, nadie se casa más que con el marido, **el abogado se contrata y "descontrata".** Si firmamos un poder con él para cierto o ciertos asuntos, y no queremos que actúe más, entonces se le hace saber por Carta Documento y final del contrato, a pesar de adeudarle honorarios por su trabajo hasta ese momento.(debe cumplirse luego con sus honorarios, acordados o los que regule el juez)

5. **Si gano el juicio, no pago nada.** No, el abogado cobra honorarios que se pactaron o que el juez regule, lo que no pago son las costas y costos del juicio (honorarios del abogado de la otra parte, honorarios de peritos intervinientes, tasa de justicia, etc.)

6. **Si pierdo el juicio el abogado no tiene por que cobrar**...El profesional trabaja igual más allá de que el juicio se haya perdido, que en general lo es por las variables propias de un proceso judicial.

7. **Que mi abogado le cobre a la otra parte mis honorarios**. El abogado, estipulado por ley cobra de ambas partes, del cliente, con el acuerdo al que llega, y a la contraparte lo que la ley marca también.

8. **Si inicio un juicio por daños y lo gano o lo pierdo, la otra parte, puede querer vengarse y hacerme un juicio a mí y sacarme la casa**. No existe tal supuesto, salvo alguna excepción muy particular y estudiada a fondo donde se lo dañara al otro con un juicio y este tuviera elementos entonces para reclamar tal daño.

9. **Si salgo de garante es mi fin**. Para que se ejecute la garantía, primero hubo un reclamo contra el deudor principal, (aunque no necesariamente) es decir, en un caso de alquiler, contra el inquilino, aquel de confianza a quien le dimos nuestra casa

para garantizarla para el caso de incumplimiento de tal contrato de alquiler. Una vez reclamado incesantemente, se le inició juicio (lo que ya sabemos, dura un tiempo) y luego recién tuvimos una sentencia que dice:"pague Ud garante", y no pagando, van sobre el inmueble en garantía. Que significa? Que debemos tener cuidado a quien le damos la garantía y vigilar luego de la confianza, que no deje de pagar, y aun así, que no lo haga en el millar de oportunidades posteriores cuando se lo intima. Es decir, el tema no es salir de garante, sino a quien se le presta nuestra casa ...

10. **Vivís 10 años en una casa pagando los impuestos, y es tuya.** La Usucapión o Prescripción adquisitiva, es un instituto del derecho civil que premia a quien obra como dueño (pagando impuestos, con mejoras en la propiedad, etc.) durante 10 o 20 años, pero además, hay que demostrar todo esto en un juicio y es el juez por sentencia que nos da el carácter de "usucapir" esa propiedad, siempre y cuando no aparezca el real dueño y quiera recuperarla (reivindicación).

Las creencias de la gente sobre cuestiones relacionadas con la abogacía se remontan a épocas remotas, son imposibles de desarraigar y se han ido tejiendo a lo largo de los años, siendo su principal fuente el boca a boca...

Me decía un colega, y con mucha razón que las novelas centroamericanas también son fuente de este mito.

1) Suele escucharse ***MI MUJER NO QUIERE DARME EL DIVORCIO***. En este país y con esta legislación, nadie da o quita el divorcio más que el juez, es decir, por sentencia judicial, pero es en USA donde aparentemente la legislación permite que la cónyuge se niegue, no aquí. Si interpongo la demanda de divorcio, este saldrá por culpa de uno, de otro cónyuge o de común acuerdo pero siempre saldrá, independientemente que mi ex mujer no quiera divorciarse, más aún desde que se modificó el código civil en 2015...

2) Terror a la **"contrademanda"**...que será eso me pregunto??? Si yo demando y hago juicio, puede que el otro, una vez terminado, me contrademande y ahí puedo perder mi patrimonio??? no existe esto, y si ocurre es en un 1% de los casos.

3) Heredó todos los bienes de mi padre o mujer fallecida, pero también **heredó sus deudas....**y es con el patrimonio que este deje con que tengo que pagar, pero tendrá que pagar, ya que la sucesión (juicio), es justamente suceder al otro, es decir

continuar su persona, para que las acreencias y deudas pasen a otro y no queden sin dueño...

4) Cuando tengo los años de edad y aportes para jubilarme, **será la empresa donde trabajo quien comience el trámite** y me avise cuando salga el haber jubilatorio. Esto hoy todavía hay gente que cree que es así, porque antes muchas empresas lo hacían, hoy algunas por gentileza también, muy pocas tal vez lo hagan, pero en gral el trámite lo inicia el interesado en Anses como afiliado.

5) Si el juicio no camina, **el abogado se vendió.** Si el abogado va a tomar un café con el otro abogado, se vendió. Si conversan sonrientemente, el abogado es flojo, si van a otra habitación a conversar con el otro abogado, también hay posibilidad de que se esté vendiendo. Si el otro abogado grita y monta un circo en la audiencia o mediación, entonces es un buen profesional...Si el expediente está demorado en el juzgado, la otra parte le pagó al juez "porque tiene muchos contactos"... ¿????

6) Si el abogado dice que conoce a alguien dentro de "Anses", la jubilación saldrá antes, si come con su amigo juez, el expediente saldrá antes,

si tiene un amigo o conocido diputado, también saldrá antes, y en definitiva está "relacionado", y **será mejor abogado** que quien no tenga conocidos importantes, aunque esto, muchas veces sea inventiva individual del profesional, justamente porque sabe lo que pesa esto para el cliente.

7) Si el abogado me promete sacar **más dinero por la indemnización** que me deben (laboral, por daños, etc) es mejor abogado que el que me prometió menos, este primero sabe más y por tanto me quedo con él. Aunque el monto esté mal sacado, inflado o equivocado

8) **Si me doy por despedido yo** (lo que llamamos despido indirecto) **no me tocará indemnización**...Esto no es así. Si el trabajador se da por despedido será por causa del patrón, por tanto seguirá siendo despedido no por su culpa y por tanto cobrará indemnización.

9) **Si trabajo en negro no me corresponde la misma indemnización que a quien trabaja en blanco y con recibo**. Mentira. Será más difícil probarlo, pero si se logra, se cobrará más al despido por las multas que impone la ley frente al trabajo no registrado

10) **Si estoy embarazada y me despiden cobro más**. Sí, siempre y cuando tenga un año de antigüedad en el trabajo, haya comunicado mi embarazo en debida forma y los telegramas verifiquen que se dio tal despido durante el tiempo que plantea la ley para cobrar tal indemnización agravada y fue por esta causa y no por otra.

*"CONSULTEN A SU ABOGADO DE CONFIANZA SIEMPRE, Y -SI ES DE CONFIANZA-, **CONFÍEN EN ÉL**, NO EN EL VECINO O CONOCIDO QUE SEGURAMENTE LES CONTARÁ ALGUNO DE ESTOS MITOS COMO VERDADES"*

## 5. LA IMPORTANCIA DE ASEGURAR NUESTRO HOGAR

Creo que pocos saben no solo de la importancia que tiene el seguro de Hogar o bien llamado en la jerga de seguros "*Combinado Familiar*", sino que tampoco se sabe lo bueno que es a la hora de un siniestro para no agarrarse la cabeza, sino el teléfono para llamar a la Cia que nos cubre y pedirle nos indemnice.
Hay que decirlo, tampoco son caros en relación a lo que cubren

Tantas Aseguradoras hay de autos como de este tipo de seguros, entonces por qué no es tan común? simplemente porque no se conocen....No se conoce la metodología para cubrir por la aseguradora dichos eventos que se nombraran a continuación, como tampoco qué se asegura, cómo se realiza y si hay inspección inicial o al momento del siniestro y que posibilidades de cobro.
Es bien simple, se elige una compañía de seguros de nuestra confianza, se habla con el Depto de Combinados Familiar y se solicita nos asesore acorde a la vivienda que tenemos, superficie total y demás
Nos preguntaran también telefónicamente, cuantos pisos tiene, si los linderos son baldíos o casas abandonadas, -por la peligrosidad mayor que implica que los delincuentes accedan por allí a nuestra propiedad-, si tenemos rejas en las aberturas que den a la calle, si tenemos alarma, etc.
En general en mayor o menor medida y con ciertas mínimas diferencias las Cías de seguro ofrecen cobertura por el **incendio de la casa** (esto son las paredes) y por el incendio de lo que se halla en el interior. Recordemos que si tenemos crédito hipotecario sobre el mismo inmueble, tendremos seguro de incendio por la parte proporcional de lo que debemos de tal crédito (por Ej. por un 20% de la casa) Y si bien nadie piensa que se le va a

incendiar la casa, esto sí puede ocurrir, y con él, se irá todo lo que hay en ella...

En realidad la contratación de un seguro no es ni más ni menos que cubrirnos por la eventualidad, es decir, por lo que eventual y azarosamente ocurra...sin embargo si bien el 90% de la gente tiene asegurado su auto, no existe un porcentaje tal de gente que tenga asegurada su casa

Amén del incendio, se cubre también los **cristales** que se hayan roto, el **alojamiento y los gastos que produzcan que la familia deba trasladarse en ocasión de este incendio** (siempre la suma asegurada irá en función de lo que estimemos el interior de nuestra casa, teniendo en cuenta principalmente el rearmado de una nueva casa con ese dinero, llámese muebles, artefactos, indumentaria, etc.)

Asimismo en caso de **robo** (de apoderarse de algo dentro de nuestra casa por la fuerza) o **hurto** (que nos desapoderen sin enterarnos, Ej., una empleada doméstica o una persona que trabaje circunstancialmente para una refacción) deberemos especificar de qué elementos estamos hablando. Si hablamos de electrodomésticos algunas Cias piden le demos un valor a la PC, la video, etc., y otros entenderán una suma total sin discriminar, ya que de todas maneras se pagará el valor de plaza de ese

elemento, acorde marca, modelo y año del mismo prorrateado (consejo: guardar manuales y facturas de compra de estos para probar lo mencionado)
También muchas Cias ofrecen cobertura por **rotura de los aparatos** asegurados (TV, video, filmadora, etc.), debiendo referir que ocurrió (Ej., mi hijo derramó un yogur dentro del tv, lo que sí le sucedió a un cliente mío)
Entonces dentro de este rubro de hurto o robo, tendremos ítems como computación, electrodomésticos, TV y video, y un ítem sin discriminación, Ej., robo del interior (indumentaria o generalidades) y otro que podrá ser por Ej. **Joyería**. A cada cosa no solo habrá que asignarle un valor, sino que también deberá consignar todo detalle de la misma como su recibo, a efectos de no tener inconvenientes al momento que esto ocurra
También se cubre (no en todos los casos y todas las Aseguradoras) el **hurto en el que incurra nuestra doméstica** sobre nuestros enseres y valores, para lo que algunas compañías piden el nombre y D.N.I de la misma, por lo que es necesario recordar incorporar datos de la nueva cuando cambiamos de empleada
Como suplemento y para competir también se ofrecen **servicios 24 hs de plomería, cerrajería, electricista y gasista**, quien podrá venir a nuestro domicilio en el medio de la noche a

arreglar algo urgente (perdida de gas por Ej.) y que no puede esperar al otro día, contemplado esto también, en el valor de la póliza.
Así también suelen cubrir, como adicional, **accidentes de la empleada en nuestro hogar** o bien de cualquier conocido que en la misma accidente, aunque esto no lo ofrecen más que algunas
Recordemos también incorporar los artículos que compremos, y también dar de baja los que ya no estén en uso o fuera de nuestra propiedad
Siempre recordemos que es en la órbita y dentro de nuestro hogar, pasando la puerta, será otro tema y no deberán responder

El inspector enviado por la Cía., revisará las rejas, la existencia y marca de los electrodomésticos, TV, cámaras de foto, filmadoras, PC, impresora, microondas, etc. a fin de llevárselo a la Cía. para que en base a esto confeccionen la póliza que se enviará días después al domicilio que designemos
Se recibirán dos partes de la Póliza. *Condiciones Particulares* y Condiciones Grales. Las condiciones Generales son las que tiene la Cia para el Combinado familiar, las Particulares, las que hablan únicamente de nuestra casa con ese seguro, lo que significa que hay que leer muy bien si se corresponde con lo contratado, valores, superficie

de la casa y demás, dado que cualquier diferencia pesará a la hora del reclamo.

Consejo: incluir el pago del seguro por débito automático, ya que estando fuera de fecha el pago o vencido y ocurrido el siniestro la Cia no abonará.
Es decir, como asegurado debo cumplir con el pago y con lo denunciado al momento de la contratación de la póliza, caso contrario la Aseguradora estará en su derecho a no responder

Al momento de reclamar, tendremos un numero de tel/mail pegado en la heladera donde deberemos llamar, elevando una nota para que sepan que ocurrió y eventualmente el presupuesto detallado (membretado por un Service o Casa de electrodomésticos) donde se informe el valor de /los elementos a reponer y su valor de reparación, y la cia, cumplirá enviando alguien que verifique esto en nuestro hogar, nos solicite constancia de su existencia (por eso los manuales y recibos de compra de los mismos), a veces podrá tomar el testimonio de algún vecino o amigo que esté o haya conocido lo sucedido, por Ej. la existencia de la bicicleta que robaron, y posteriormente dentro de los 30 días la Aseguradora deberá no solo dar una respuesta sino también abonar tal valor.
No olvidar, la prescripción es de un año en estos casos, es decir que tenemos un año para reclamar

## 6. VENDETTA JUDICIAL O VENGANZA A LA ITALIANA

Me pregunto y me repregunto de dónde ha surgido esta idea, que tantos adeptos ha logrado en tan poco tiempo de que **quien inicia un juicio debe prever que a quien demanda (el malo), se vengará y retrucara con otra demanda** (peor), cual juego de Truco o Pocker, y esta vez, peor que la nuestra, yendo contra todo nuestro patrimonio dejándonos en la calle, por lo que lo mejor es no iniciar ningún juicio (¿?)

Nunca falta un primo, una vecina, o una historia contada por alguien, que no se sabe bien de donde surgió, y que aconseja no hacer juicio, a pesar de que ese juicio sea reclamar como pacientes, o como víctima, o porque nos atropellara un colectivo o reclamáramos ni más ni menos que lo que nos corresponda, en cualquier caso, el miedo está latente, como el cuco de los chicos, y la realidad es que esta venganza, no existe. (Griten conmigo: No existe!)

Ya no sé cómo explicarlo, cuando el cliente, que se ve culto, formado, con educación, sale con esta creencia, este mito, que aunque la desconocemos desde todo lugar como insólita, no creen que el abogado lo está diciendo sin más convencimiento que el de mentir para que iniciemos el juicio igual, por tanto nuestro criterio queda por debajo del vecino o el primo, a quien se le vio perder la casa, el negocio, y todo porque lo chocaron con una motito ¡!

No sé bien quién fue el que hizo andar esta historia, que ni en la facultad la he escuchado, posiblemente hayan sido los que no tienen ningún interés en que se los demande, pero aún así, ha cobrado tanta fuerza que es casi igual a la cantidad de gente que cree que cuando se pierde el juicio el abogado no debe cobrar.

Quien inicia un juicio con justa causa, porque le deben plata, porque el médico fue negligente con el y al operarse una pierna quedó ciego, o quien como hijo del fallecido reclama a la línea de colectivo que lo dejara morir, o bien quien pretende que se cumpla con el contrato o la venta o el alquiler que no cumplió, está amparado por el código civil, comercial o penal, y es absolutamente legítimo su reclamo. Legítimo no es legal, es legítimo, es genuino, es con causa, es con razón, es como víctima, como quien fue dañado y por tanto se busca la reparación de tal perjuicio y agravio. Y de ninguna manera posible, el otro (el demandado, el vengador) se podrá valer de tal sentencia desfavorable para él y REENJUICIAR ¡!.

Porque entonces...cual sería su legítimo reclamo para vengarse, para enjuiciar???, que se lo demandó? Que se le ganó el juicio? Que debió pagar? Eso no era ni más ni menos que lo que debía hacer sin juicio y debió demandárselo porque de buena gana no lo hacía.

Para recordar: el juez interviene cuando no se pueden poner de acuerdo las partes entre ellas, entonces, una de estas, dice: -*"a ver Ud V.S, que tiene criterio objetivo y sabe del tema...que le parece? Cómo debemos arreglar esto?"*- y el juez resuelve, trabaja de eso, su excelso criterio lo avala.

Sí es cierto que si se pierde el juicio y no se tramitó, o tramitado no se concedió el *Beneficio de litigar sin gastos*, (ver más adelante éste ítem) entonces los honorarios del perito, del abogado y los demás gastos serán solicitados a la parte "perdidosa", además de los honorarios de nuestro abogado, quien cobra a pesar de perder, sí, el abogado trabajó dos o tres años, y no por su culpa, sino por riesgos y variables judiciales el juicio se perdió, pues el trabajo está hecho, y a pesar del resultado, cobrará menos, pero cobra por trabajar. Pero si se ganó el otro paga, y si se perdió con el beneficio otorgado, entonces solo pagaremos los honorarios de nuestro abogado, y nada más...

Quienes leen mis artículos/notas saben que muchos nacen a partir de la consulta, sea personal, sea

telefónica, sea en una reunión social o por mail, y esto **lo escucho cada vez más...Y SI ME CONTRADEMANDAN?....??????, es tan insólito como suponer que el juez de la causa venga a casa a comer, o que el abogado de la otra parte cuando ganemos el juicio venga a felicitarnos**...así de insólito, no existe posibilidad ninguna que ocurra, ninguna, créanme.
Imaginen además, de ser cierto, la cantidad de clientes que uno perdería por mentirles y embarcarlos en juicios destinados a perder su patrimonio y eventualmente a que los *contrademanden,* y la cantidad de *contrademandas* o venganzas judiciales que nos perdimos! (Quien invento esto?)...no olvidemos que como abogados estamos de los dos lados...y nunca contrademandé.
Las historias que se cuentan en los pasillos, en los casamientos, en los bares, son historias irresistibles y que solo valen si fueron contadas por el protagonista, expediente en mano y con el abogado presente, porque digo esto?, porque no siempre las cosas son como se cuentan, y cómo se dicen. Nadie que pierde una uña en un accidente se lo indemniza con un millón de pesos, nadie, sin embargo me han contado esa historia
Nadie que hace un juicio con buena praxis de su abogado puede perder su casa e irse del país, menos si ganó el juicio. Hay algo que se cuenta mal,

detalles importantes que se pierden de boca en boca y que al llegar al final, cual telefono descompuesto, llega como esto que relato, inverosímiles relatos....

Y los sonados "calumnias e injurias" son aquellos juicios penales en los que quienes se sienten injuriados o calumniados públicamente, (en un medio radial, televisivo, internet o público de cualquier manera), se los ha difamado, se dijo al público cosas inciertas de él que afectan tanto su reputación, prestigio u hombría que esto le ha causado un daño. El daño deberá probarse (por Ej., que pierda su trabajo). La calumnia deberá probarse (si fue dentro de su casa y sin testigos, no será calumnia), la que se transforma en tal cuando trasciende lo privado.

Un **juicio** no es calumniar ni injuriar, menos cuando lo que le dio origen fue un hecho probado, por justa causa (accidente de auto, choque, mala praxis, despido, etc.) El juicio es una forma justa de resolver un conflicto particular con intervención de un juez, y no se basa en dichos, sino en hechos, que probados acreditarán nuestros dichos en la demanda....

Espero se hayan convencido...y sino, espero jurisprudencia en contrario...

## 7. **¿TENGO QUE PAGAR SI PIERDO EL JUICIO?**

# EL BENEFICIO DE LITIGAR SIN GASTOS

–*"Dra., ¿si pierdo el juicio deberé pagar?"*- Si ud inicia un Beneficio de Litigar sin Gastos, (que es algo así como un juicio hijo del expediente principal) y el juez se lo otorga, entonces no deberá pagar la tasa de justicia ni los gastos que se generen del juicio, a excepción de los honorarios de su abogado, que siempre deberá abonarlos. Si no inicia éste expediente o no se lo otorga el juez, si pierde deberá pagar todos los gastos del juicio.
Si bien no es posible iniciar un ***Beneficio de Litigar sin Gastos*** en todos los juicios, sí es cierto que en un reclamo por Daños y Perjuicios sí lo es. El juicio laboral lleva ínsito el Beneficio, si bien en Capital Federal perder un juicio laboral muchas veces significa pagar como empleado los gastos que se hubieran generado, pero no así en Pcia, que sin necesidad de iniciarlo, la gratuidad parte de la ley laboral. (Por eso es recomendable iniciar un Beneficio en los laborales en Capital)
Iniciar un juicio como actor o demandado implica el pago de la tasa de justicia, si soy quien lo inicia (parte actora), está en el orden del 3% –Capital Federal- o 2.2% -Pcia de Bs AS- de lo reclamado, (si demando por $ 20.000, serán $ 600 solo de tasa), y a eso, en caso de perder el juicio, el pago de los

honorarios de mi abogado, del otro, los peritos que intervinieran y los gastos que se generaren.
Es entonces que se tiene la posibilidad de iniciar juntamente con el expediente principal que motiva el reclamo o con anterioridad, -por ejemplo un accidente de tránsito-, este expediente que tramita junto con el anterior, y como accesorio, es decir, como "un hijo del principal" y en el mismo juzgado.
El que con 4 o 5 testigos que no sean parientes ni amigos y mayores de edad, podrán dar cuenta de nuestra vida económica y social, esto es: vivienda, como es nuestro auto, si tenemos hijos, de que vivimos, si viajamos al exterior en el último tiempo, si tenemos obra social, cuenta bancaria, en fin, en gral se trata de que prueben con su testimonio que no estamos en condiciones de pagar lo que implica iniciar o perder un juicio, y obviamente, una vez que VS entienda esto, y a veces, requiriendo saber si tenemos algún producto bancario, seguro de vida, si cobramos alguna renta, etc., otorgará o no tal beneficio. Hoy el sistema, se ha puesto duro en estos temas, y no se otorga como antes, con tanta liviandad. La otra parte ahora se presenta, produce prueba, impugna la nuestra, interroga a nuestros testigos y busca la forma de que nos lo denieguen para así tener un elemento más para disuadirnos de seguir el juicio, ya que hay clientes que sin el beneficio no podrían litigar. También VS hoy, lo

puede otorgar parcialmente (en un 20, 40 u 80%) y no siempre en forma total.
Por supuesto entonces que los peritos (en caso de ser médicos) sorteados para actuar serán del Cuerpo Médico Forense, es decir, de un listado distinto, y que no podrán exigir adelanto de gastos, como en otros casos, dado que tenemos un Beneficio iniciado, razón por la que ya no se generan honorarios.
Tengamos en cuenta que este Cuerpo médico tiene tanto trabajo que si el expediente llega a ellos, puede demorar hoy hasta dos años en remitirlo nuevamente al juzgado.
Muchos jueces entienden que hasta no terminar tal trámite no podrán dictar sentencia en el expediente principal, otros, entienden que si bien el Cód. de Procedimiento dice que se puede iniciar en cualquier estado del juicio, si lo inicio posterior a la demanda principal y no junto con esta, deberé pagar la Tasa de Justicia, por lo que lo conveniente es sortearlos, es decir, iniciar ambos juntos y en el mismo juzgado.
Habremos firmado convenio de honorarios o no con nuestro abogado, pero si el juicio se pierde, y en contra de la creencia popular, nuestro abogado deberá cobrar igual su parte por trabajar, aún con el Beneficio iniciado, por lo que al único que lo alcanza es a este, pero **no** en el porcentaje acordado por

convenio, sino en uno menor pactado o dictaminado por el juez, lo que se llama "regulación de honorarios" que es siempre designado por VS al momento de la sentencia.
No es bueno abusar de esta figura, la que muchas veces en las sentencias, los jueces dicen "el actor pagará cuando mejore su fortuna", es decir, en este momento, no puede, ya que se probó con el expediente abierto del beneficio, pero cuando le vaya mejor, sí deberá pagar. Incluso, de ganar, muchas veces debemos pagar la tasa que en su momento no se abonó.
En cualquier caso se trata de un recurso creado para ese espacio de la sociedad que no podría acceder a la justicia en otro caso, es el humilde acreedor estafado, el que fue chocado y no tiene dinero para contratar un abogado, o la víctima de una mala praxis en un hospital público.
También diremos que este Beneficio no corre para sucesiones, divorcios y otros juicios.

## 8. Tener razón no es suficiente, hace falta probar mi razón: SIN PRUEBA NO GANAMOS

Es importante saber que si el abogado a quien le encargamos un tema para que lleve a juicio no lo hace, prometiéndolo, incurre en negligencia, no por

no iniciarlo, sino por hacernos creer que lo hizo y nos mantuvo en vilo preguntando por la evolución del mismo durante equis cantidad de tiempo, como son ciertos casos que llegan al Estudio.
Ahora bien, ¿qué elemento tiene el cliente para PROBAR esto?
En general, ninguno. ¿Se puede reclamar sin pruebas? La respuesta es no.
Si Ud le encargó a un abogado que inicie un juicio por despido, o lleve a cabo el amparo contra ese Banco, debió haber firmado un convenio de honorarios, le debió haber dado un poder, o debió al menos haber recibido una factura por el adelanto, o la tasa de justicia o cualquier otro concepto.
Y acá viene lo crucial...en general ese cliente no tiene nada (ninguna documentación), y si lo tiene, es insuficiente, ¿por que?
Si le hizo firmar un poder ante escribano público, pocas veces este dice qué juicio se le encarga, muchas veces es general, y si es especial (para juicio determinado) no hay un "encargo", sino un mandato para hacer, sin fecha de inicio...( y puede endilgarsele eventualmente el vencimiento de los plazos para iniciarlo ( prescripción)
Si se trata de un poder laboral en Capital, éste no obliga, de hecho puede ir cualquiera a la Cámara laboral y dar poder al abogado que elija (sin que este lo sepa), esto no obliga, porque no firma el

abogado... aun cuando tal Carta Poder queda registrada en las bases

Si se trata de un convenio de honorarios, los clientes suelen tener fotocopia consigo, o la copia firmada por ellos pero no por el abogado la que no sirve, y a veces ni siquiera traen al Estudio.

¿Sirve entonces la copia de la demanda que me hizo firmar el letrado? Tampoco: es copia simple...no es suficiente para presentar en juicio.

Si me dió un recibo, el cliente no mira más que cumpla los requisitos de factura de AFIP, o que tenga membrete, y esto no es lo verdaderamente importante. Lo verdaderamente importante es que esté firmada, que tenga fecha, y que consigne el importe. Pero **más importante aún, es QUE FIGURE EL CONCEPTO POR EL CUAL SE LE DA ESA SUMA... ¿Qué es el concepto? La razón, el fundamento. Lo importante no es que diga que A le pagó a B equis dinero, lo importante es que diga POR QUÉ Y PARA QUÉ Y EN FUNCIÓN DE QUÉ se lo pagó.**

Y es acá donde nadie pone la mirada....

<u>Si yo cobro a B $ 100 y no pongo en concepto de que, puedo volver a cobrárselo si quiero incluso.</u> Y es en este recibo, donde todo reside y donde se compromete por escrito al abogado por ejemplo: **A**

RECIBE DE **B** LA SUMA EQUIS EN CONCEPTO DE HONORARIOS PARA INICIAR ACCIONES LEGALES CONTRA FULANO Y MENGANO POR DESPIDO LABORAL. Punto, ahí ya está todo dicho. Ese profesional está comprometido, y el cliente tiene prueba para el caso de incumplimiento.

Sin prueba, no hay acción, igual que sin daño, reparación económica. ¿Es claro?

Estamos cansados de recibir consultas a diario en el Estudio, donde el cliente, (en general los más honestos), llegan destruidos por una traición del profesional, *-DRA, Fulano NO INICIÓ NADA...y yo estaba creído que el juicio estaba ganado...-* y la pregunta que le sigue es: *-¿UD FIRMÓ ALGO? ¿TIENE ALGO FIRMADO POR SU ABOGADO?-* y muchas veces este no tiene elementos....pero en la mayoría de los casos, tiene un recibo del otro que dice "**A** RECIBE DE **B** LA SUMA EQUIS EN CONCEPTO........(en blanco)....y la firma del profesional. ¿Esto sirve? Como ya dijimos, lamentablemente, no...

Un profesional referenciado, recomendado, no es suficiente, si el abogado demora una respuesta pidan ver el trabajo, si este trabajo está en tribunales, pidan el número de expediente (si desconfían). La mayoría se lleva una copia de la demanda que firma o del escrito que ese día se lo citó a firmar; no es suficiente...

## 9. IMPORTANCIA DEL TESTIGO. Prueba testimonial.-

Propongo un tema simple del que creemos todos parecemos saber....¿que son los testigos?
Los testigos son aquellas personas mayores de edad, y que no guardan ningún parentesco con el cliente. Los que no pueden ser amigos ni deudores o acreedores del que va al juicio como actor o demandado, o de la otra parte, que darán fe en un juicio de lo que **vieron u oyeron** (en su oportunidad) con sus ojos y sus oídos directamente, no a través de otros, ni lo que les dijimos nosotros o el cliente, sino lo que ellos percibieron.
Si bien son varias las pruebas que autoriza el código y de las que nos podemos servir para fundamentar lo que decimos, la prueba Testimonial es una que guarda muchas aristas en su producción
Es una prueba fundamental a producir por ejemplo en los juicios laborales donde la relación fue en "negro", y no hay recibos de sueldo ni inscripción en ningún]\
745869+ organismo, por tanto un excompañero, cliente o proveedor podrá decir que lo vio trabajando, cobrando el sueldo y recibiendo órdenes de su patrón. También es importante en los temas

de acoso sexual, *mobbing* laboral, o de maltrato infantil.
Desde que Ud cliente los designa (y le proporciona los nombres al abogado) al momento de la demanda (tenga en cuenta que no puede modificar sus nombres luego) hasta que los llaman a declarar suelen pasar meses o años, según los tiempos de la justicia como conocemos. En ese tiempo los testigos se van del país, algunos se mueren, se arrepienten, o tienen que operarse, en fin, variables inimaginables al momento de designarlos.
Otros, lo he vivido en carne propia, piden posponer la audiencia como si fuera una visita al médico, porque ese día, tienen otro compromiso, cuando olvidan que siempre el de ser testigos fue un compromiso tomado con anterioridad a cualquier otro y si no asistieren en la segunda audiencia, puede pasar a buscarlos por la casa la fuerza pública.
Al testigo suele agarrarle pánico a último momento, y como digo siempre, son un arma de doble filo, a veces tan nerviosos, frecuentemente testimoniando he escuchado que ni saben si el cliente tiene casa...
Ni hablar de cuando atestiguan en un *Beneficio de Litigar sin gastos* –**BLSG**- (ver artículo más arriba) donde deben decir la ocupación habitual del cliente (si lo saben), como es su vivienda y si tiene tarjeta de crédito, etc....

La **prueba testimonial** depende de la buena voluntad y capacidad del testigo. De que asista a la audiencia, de que recuerde con claridad para qué fue, de que sus dichos sean tan veraces y fuertes como para que ninguna pregunta de la otra parte los influencie en contra...y recordemos, insólitamente no pueden ser amigos del cliente...y esto complica, porque a veces un conocido o vecino no tomara tanto compromiso, deberá viajar hasta tribunales, faltar a su trabajo, ponerse nervioso, solo para hablar a favor de alguien que ni siquiera es amigo.
Los amigos son subjetivos, y la ley pide objetividad...solo que nuestros vecinos o conocidos a veces no quieren tomarse tantas molestias...
Contradictoriamente a la ley, un conocido no sabe a veces cuanto gano, si me fui de viaje en el último tiempo, si tengo cuenta bancaria, etc... cosas que suelen preguntarse cuando se tramita un beneficio de litigar sin gastos (BLSG), por ejemplo.
Aunque sí sabrá quién pasó con luz roja o verde el día del accidente, si la casa estaba a estrenar cuando me mudé o tenía humedad, si sufrí lesiones luego de aquella operación, cuán capaz era antes de una negligencia médica, si tocaba bien tal instrumento, como era mi auto antes del choque, etc.

Por tanto hay que tomar el recaudo de elegir bien y de explicarle al testigo que no debe mentir, solo decir la verdad de lo que recuerda...pero que aporte algo, y con seguridad. Y que puede que lo llamen mucho tiempo después de cuando Ud le consulta si le quiere salir de testigo...y que ese día deberá dejar todo....

Si Ud va a iniciar un juicio, apoyándose únicamente en uno o dos testigos para probar sus dichos, le aconsejaría que no lo hiciera
Si fuera su única prueba ese testigo que no asiste, todo el juicio será en vano...y el trabajo se habrá realizado, incluso por el abogado, por lo que deberá abonarse igual...**una de las variables a considerar en un juicio**...y que pocos clientes tienen en cuenta...
Allí poco sentido tiene pedirle perdón al abogado, por la inasistencia del testigo, ni pensar que se hizo todo lo posible...como diría un relator de fútbol: *"estar cerca del arco, con varias posibilidades de gol en los noventa minutos no es suficiente, solo cuenta como gol el que entra al arco"*...y en este caso es igual.
Mucho esfuerzo hacemos todos, pero si el testigo no aparece o si atestigua inseguro, de forma contradictoria o poco clara, no sólo no sirvió para los fines que se lo citó sino que además no será favorable como prueba...y de eso se tomará también la otra parte, lo que puede dar lugar a la

impugnación de ese testigo, lo que equivale a que VS eventualmente lo invalide, y no lo tome como prueba

**¿Sobre que se atestigua?** ¿Sobre lo que yo le dije? ¿Sobre lo que le parece a él, su criterio? Sobre las generalidades de cómo funciona por ejemplo esa empresa donde trabajó esa persona? NO.
Atestigua sobre lo que vio u oyó, pero no sobre lo que yo le dije o le dijo un tercero, porque eso no tiene validez, tiene que haber sido oído o visto de otro, por ejemplo mi patrón (en el caso de un juicio laboral)
A los Testigos: Testimoniar es un gran favor, es cierto, pero asumido, debe cumplirse. Implica ir una vez a tribunales, perder una o dos horas y decir la verdad, nada más
Recordemos que el juzgado le extenderá una constancia para su trabajo a cada testigo, si lo necesitara
A los clientes: no subestimen la prueba, elijan bien y comprometan mejor al testigo

## 10. QUE DEBO SABER AL COMPRAR MI CASA?
## RECAUDOS LEGALES.-

Si hay cosas importantes en la vida, una de ellas es comprarse una casa, mi casa. Finalmente dejar de alquilar para arriesgarnos a tener algo propio, o bien adquirirla a modo de inversión donde va parte importante de nuestros ahorros. Por eso es importantísimo asesorarnos bien con el profesional correcto a fin de correr el menor riesgo posible y no tener que lamentarnos más tarde. Aquí algunos tips para tener en cuenta.

**La Casa:**

Vimos, la casa, nos encanto, esta cerca del colegio de los chicos, es amplia, luminosa y bien ubicada. Primer punto, hacernos asesorar por un arquitecto que verá mas allá que nosotros y podrá percibir humedad y otras cosas que quienes no entendemos no veremos, para descartar así también los vicios ocultos o redhibitorios (tema que desarrollo más adelante en esta obra)

Segundo punto. Nos gusto. Comenzamos a negociar el precio, ahora que?

Generalmente se querrá firmar una **Reserva de Compra,** costumbre más generalizada cuando existe una inmobiliaria intermediando y debe presentarle la oferta al vendedor.

Ahora bien, será necesario ANTES DE FIRMAR NADA, primero, asesorarse jurídicamente, y segundo tomar los recaudos y precauciones sumamente importantes.

**Asesorarse:**

El abogado verá que el inmueble no tenga embargos, que el vendedor no esté inhibido, que no haya ningún fallecido como dueño de la casa (aunque puede haber una sucesión por inscribir), verá si se adeudan impuestos (que eventualmente serán descontados del precio final), tasas o servicios y principalmente si el bien está apto para ser comprado. Para esto, **se entrega una copia de la escritura** (ya dijimos que ningún otro documento es valido para vender) **al abogado de nuestra confianza.**

Puede ocurrir que el vendedor no quiera entregar una copia del título, y aún que diga que los certificados los pedirá el escribano para la escrituración, pero para ese entonces Ud. ya habríamos firmado el boleto y entregado una gran parte del precio, lo que no es conveniente, (y hasta es inconveniente), razón por la que es importante tener ese abogado de confianza con nosotros.

Este pedirá averiguara entonces: **Informe de dominio e Inhibiciones** con ante el Registro de la Propiedad correspondiente al inmueble: Si los vendedores "en su persona" se encuentran inhibidos, es decir, si esta anotado en el Registro que no pueden vender o comprar y por que razón (ello figurara en la "ficha" de cada uno) Si la casa tiene embargo, por deudas, hipoteca bancaria o no, se solicita incluso un **Veraz** para saber cual es la situación bancaria de cada vendedor.

En caso de que el vendedor fuese una sociedad, el profesional verificará la documentación correspondiente que habilite al representante legal a firmar el Boleto de Compra Venta. (Constitución de sociedad, Acta Social, Poder (especial o general.) para vender esa propiedad realizado ante Escribano)

También se sabrá si la propiedad está sometida a alguna restricción como ser que esté afectada a una expropiación futura para una autopista o que la calle donde está ubicada deba ser ensanchada, en cuyo caso puede que en el futuro haya que demoler una parte del frente. Será importante también para cotejar que las medidas y superficies del inmueble se correspondan con las que uno cree comprar.

Todo esta averiguación no demorara mas de una semana y se tendrá tranquilidad absoluta.

## Que pasa si quien surge como dueño en el Registro ha fallecido?

Obviamente no podrá firmar nadie por él, y el fallecido no vendrá a dar su firma, así que en principio no podría hacerse. Ahora, si quienes quieren vender, supongamos los hijos del fallecido, ya tramitaron la sucesión y el juez declaró como

herederos a estos y ordena tal inscripción a su nombre, si podrá hacerse.
Es necesario aclarar que sin sucesión no podrán vender quienes no sean herederos declarados por juez. No es válido que yo firme como hija de mi padre fallecido, dado que no es un título válido o perfecto, lo que ningún escribano admitirá y aun así, me imposibilitaba vender cuando lo quiera. Si o si deberá hacerse la sucesión del vendedor fallecido. Si el juez no autorizó que se inscriba aún, pudo en su defecto, haber autorizado su venta. De todo ello el escribano deberá dejar constancia en la escritura para que el Registro proceda a inscribírsela. A este tipo de escrituras se las llama "Ventas por tracto Abreviado", porque en el Registro se pasa de la persona fallecida al nuevo comprador, sin inscribirse el inmueble a nombre de los herederos, es decir, abreviando. Todo esto surgirá del Expediente sucesorio que el abogado vera y deberá corroborar.

**Deudas del inmueble:**

Si el inmueble tiene deuda por impuestos será el escribano quien lo ponga de manifiesto al escriturar y quien retendrá el dinero para el pago de tales, dado que de otra manera no está autorizado a escriturar por ley. (Ahora bien, recordemos pedirle los recibos pagos de tales impuestos, dado que es práctica común que no se pidan, en la creencia de que se pagarán, y es común que el escribano "olvide" pagarlos y "olvide" entregarnos la constancia, cuestión que surgirá cuando años después queramos vender, dado que saltaran las mismas deudas por iguales periodos de mismos impuestos: Rentas, Municipal, etc.)

**La Reserva de Compra :**

Una vez seguros de lo anterior, "Oferto" la suma que entiendo vale el inmueble, entregando asimismo una suma de dinero o cheque a fin de darle seriedad a mi oferta. En caso de que esta oferta no sea aceptada por el vendedor, la suma será devuelta, en caso de ser aceptada se descontará del precio final y el inmueble formalmente dejará de estar a la venta.

El objetivo es que el vendedor se siente a evaluar si le conviene o no mi oferta por encima de otras donde tal vez no hubo seriedad, no se oferto dinero o bien, adelantarnos a otras. En muchos casos no se acepta ni pagare ni cheque, pero de no progresar la oferta será mucho más fácil de recuperar el cheque o pagaré que el efectivo.

Si una vez firmada, como comprador me arrepiento, obviamente perderé lo dado en reserva de mi futura casa.

Por lo tanto en la Reserva constaran los datos completos de vendedor y comprador, la oferta y la fecha en que se firmara el **Boleto de Compraventa**, que será el paso posterior. Aquí es donde el comprador, sin dejarse influenciar por el vendedor, deberá buscar un abogado de confianza que intervendrá tanto en el boleto como en la escritura traslativa de dominio, de modo que no sea el vendedor quien ofrezca los servicios de "su" abogado, en tanto que siempre esté mirara su propio interés sin defender el nuestro.

**El Boleto de compraventa:**

Aún hoy persiste la creencia de que tener un boleto de compraventa es igual a tener la titularidad de una propiedad. En ese error se embarca más de un firmante de este tipo de contratos que, por desconocimiento o falta de dinero para la escritura, a veces paga hasta el cien por ciento del valor del inmueble y ya se siente dueño, cuando en realidad no es dueño de nada, salvo de la posibilidad de reclamar al otro si no cumple.
No se es dueño y titular del inmueble hasta tanto se lleve a cabo **la Escritura Traslativa de Dominio**, la que se inscribirá en el Registro de la Propiedad Inmueble, donde constan sus anteriores dueños, embargos, hipotecas y todo lo que hace a la "ficha de la propiedad". (el registro de la propiedad es igual al registro civil donde anota el nacimiento, matrimonio y fallecimiento de la persona)

Momento en el cual se entregara el dinero para completar el valor y la posesión de ésta por parte del vendedor. Es algo similar al "formulario 08 automotor" que nos habilita a manejar el vehículo pero es de quien lo inscribió ante el Registro automotor. Por lo tanto podrán pasar muchos "dueños" con boletos, pero legalmente y para el Registro, será comprador quien inscriba su casa a su nombre, y vendedor, quien la transmita por escritura también e inscriba este acto también en el Registro. Esto vale también para embargos y créditos: no me podrán embargar una propiedad, ni servirá de garantía para ningún crédito personal si no es mía formalmente, dado que solo poseo un boleto.

Una vez con nuestro abogado al lado, se firmara el Boleto de Compraventa, que desde ya no deberá ser de los de formulario, ni redactado por el vendedor, donde constaran todos los datos de la propiedad (lo que se llama Nomenclatura Catastral, Pda., Etc.), de los intervinientes: comprador y vendedor, la fecha de escrituración, la forma de pago, el lugar, la plata que se entrega en ese momento, moneda y todos los detalles que hacen a la operación. Generalmente el dinero varía entre un 30 y 40% del precio pactado, y el resto a entregar en 30 o 45 días a la fecha de la Escrituración, con escribano que designará alguna de las partes. También puede no entregarse nada de

dinero, dado que las condiciones serán las que se pacten entre las partes, lo que no le quitara validez a tal documento, (aun cuando el comprador en caso de concurso o quiebra del vendedor, no podrá presentarse con crédito privilegiado a reclamar lo correspondiente.)
Justamente los juicios por "Escrituración" derivan de la falta de firma de la escritura, reclamado por vendedor o comprador, atento que el Boleto si es documento legal para exigir los derechos propios y los deberes a los que el otro se comprometió, dando lugar incluso para reclamar indemnización.

**Finalmente, la escritura:**
Llegado el día de Escriturar en la fecha y lugar pactados, con el Escribano designado, Este nos reunirá para verificar que la escritura llevada a cabo es completa de datos propios y del inmueble, del precio y de todas las cuestiones que se pactaran. Además ya habrá verificado lo que se llama "antecedentes del título", es decir, verá el árbol genealógico del inmueble descartando cualquier vicio o imperfección de este.
Se firmará, se entregara lo que queda del precio y el vendedor entregará la "posesión" finalmente de la casa, con la llave.
Los honorarios del escribano y gastos de la escritura serán abonados como acordaron las partes, en

general los asume el comprador, así como los gastos de tramitación previa la escritura los paga el vendedor.

**Perdí mi escritura:**

Otra de las creencias populares es que extraviada la escritura no soy más dueño.

Puede ocurrir que todo haya salido bien, esté en posesión de mi casa finalmente y un día, quiera por ejemplo, Afectar mi Casa como Bien de Familia, y la escritura por razones desconocidas no aparezca, que hago?

En este caso el trámite de sacar una copia o Segundo Testimonio de la original es realizado por el Escribano con el que hicimos la escritura, si es que el protocolo respectivo está en su poder (de acuerdo al paso del tiempo), cuestión que dirimiremos con un llamado telefónico En caso contrario, estará depositado en el Archivo de Actuaciones Notariales del Colegio de Notarios de la respectiva jurisdicción, donde podremos acercarnos con un recibo de Rentas o Municipal, a fin de que me expidan el Segundo testimonio para inscribir ante el Registro de la propiedad, y listo, volveré a ser dueño.

**Quiero poner mi casa como Bien de Familia, Puedo? Cuando?**

**Se crea esta institución del Bien de Familia, para proteger justamente a la familia de los avatares económicos o del tiempo su propietario, a fin de que no pierda sus hijos y familia en general su lugar de habitación, razón por la que solo se protege una casa y no un comercio**

Debe tratarse de un inmueble urbano o rural, no pudiendo así afectarse un lote de terreno. Dicho inmueble puede pertenecer a un único dueño o a varios, pero en principio el propietario con su familia está obligado a habitar el bien. No puede tener más de "un solo" bien afectado a este beneficio en todo el país.

**Cual es el límite que debe valer mi casa?**

NO hay límite, lo único que se pide es que esté destinado a vivienda, aceptándose cualquier valuación.

**Imposible de embargar?**

En principio el "Bien de Familia" no puede ser ejecutado o embargado por deudas de origen posterior a su inscripción, salvo por deudas provenientes de impuestos o tasas que pesen sobre el inmueble. Debe saberse que los beneficios de que el inmueble sea afectado como Bien de familia., corren desde que se inscribe tal afectación, y no antes, por lo que si quieren por ej. embargarme será por una deuda contraída antes de afectar el bien en el registro.

**Es caro el tramite?**

Si el trámite se hace personalmente ante el Registro, es gratuito, no hace si interviene un abogado o escribano

**Si lo hago personalmente que debo llevar?**

Se debe dirigir al Registro donde está inscripta su casa (Pcia. o Capital) con el original de la Escritura, Pda. de Matrimonio y Nacimiento y los DNI de los propietarios y futuros herederos (por ej.hijos)

**¿Puede afectarse un inmueble que se encuentre hipotecado?**

Sí, puede afectarse un inmueble que se encuentra hipotecado. En este caso, el acreedor hipotecario será el único acreedor que podrá ejecutar el inmueble.

**¿Si un inmueble ya se encuentra afectado, puede hipotecarse sin desafectar el bien de**

**familia?**

Sí, puede hipotecarse un inmueble que se encuentra afectado al régimen sin necesidad de su desafectación. En este caso, el acreedor hipotecario será el único acreedor que podrá ejecutar el inmueble.

En cualquier caso, y cuando lo consideremos necesario, podemos dirigirnos al Registro y Desafectar el inmueble como Bien de Familia si así lo decidimos.

**Las 10 preguntas para vender y comprar:**

1. Es necesario que la casa la vea un Arquitecto antes de comprarla?
Sí, absolutamente, para que vea cosas de estructura y construcción que nosotros no veremos

2 Que debo hacer antes de Firmar nada, sea Reserva o Boleto o Escritura?

Contratar un profesional que solicite los certificados ante el Registro a fin de corroborar la existencia y estado del inmueble

3 Pueden embargarme o puedo sacar un credito con solo un Boleto de Compraventa de mi casa?

No, ya que se es dueño formal con la Escritura inscripta en el Registro

4 Puedo reclamar con el Boleto si el el vendedor no quiere escriturar?
Sí, absolutamente, se hace ante tribunales.-

5 Puedo comprar una casa donde uno de los dueños está fallecido?
Sí, siempre y cuando esté hecha la sucesión, declarados los herederos y autorizados por juez a llevar a cabo tal operación

6 Es válido el asesoramiento de la inmobiliaria, un martillero o el abogado del vendedor?
No, en tanto que protegen su propio interés

7. Puedo inscribir junto con la escritura el Bien de Familia?
Si, solo hará que hacérselo saber al escribano con anterioridad

8. Dejó de ser dueño si pierdo la Escritura?

No, puedo reclamar un Segundo Testimonio, con la misma validez que la primera, al Escribano que la realizó o bien si no la tiene, al Archivo del Colegio de Escribanos

9. Puede negarse el propietario a entregarme una copia de la escritura a fin de que mi abogado haga las averiguaciones y solicite los certificados necesarios antes de firmar la Reserva ?

No debería, si no tiene nada que esconder, cualquier comprador responsable se lo solicitaría, en definitiva no es ningún perjuicio ni gasto para este.

10. Es necesario contar con un abogado de confianza para la compra de mi casa?
Absolutamente, a fin de no tomar riesgos, o firmar donde no debía, en definitiva se trata de la compra de MI casa.-

## 11. ¿ME CONVIENE HACER LA SUCESIÓN?

Una consulta frecuente en el Estudio es aquella que pregunta por las ventajas y desventajas de llevar adelante un proceso sucesorio. El cliente suele demorar este trámite bajo diversos argumentos, como: "yo soy hijo único", o "nosotros vivimos en la casa que era de mi mamá y no pensamos mudarnos por ahora".

Es cierto, el hecho que no resulte imperioso dividir o vender la herencia le quita urgencia a la decisión. Pero esto no implica que no sea beneficioso tener los papeles en orden. Les brindo algunos ejemplos:

· **inmueble alquilado**: si hereda un bien que está alquilado, es posible que el inquilino le siga pagando los alquileres, pero ¿qué pasa a la hora de renovar el contrato o hacer uno nuevo? El inquilino puede perfectamente negarse a pagar a quien no es el dueño de la cosa, porque si bien presumiblemente es el heredero, hasta que el inmueble esté a su nombre no es el dueño registral. Para que esté a su nombre debe hacer la sucesión. Decidir empezar el trámite cuando surgen los problemas –y el inquilino deja de pagar- es mala idea.

· **inmueble como garantía**: para acceder a determinados créditos es usual que el acreedor solicite que el tomador acredite solvencia patrimonial, pero no puede hacerlo con su propia casa, la que habita y considera su hogar, dado que está a nombre de sus padres porque nunca hizo la sucesión.

· **disponer del inmueble**: no es infrecuente que el cliente desee iniciar la sucesión cuando debe mudarse, por ejemplo, por una oportunidad de trabajo en otro lugar, o porque encontró para comprar la casa ideal en la que quiere vivir. Pero no puede, y la oportunidad se pierde, por no poder disponer del inmueble a tiempo.

· **Sucesiones en Ciudad de Buenos Aires**: a diferencia de lo que ya sucede en Provincia de Buenos Aires para las sucesiones en Capital Federal no se requiere el estudio de agrimensura que es obligatorio en Provincia.

Suceder significa continuar...y el heredero recibirá entonces los créditos del fallecido, solo a través de un proceso judicial. Como digo siempre, en este país nadie es loco, heredero o usucapiente si no lo declara un juez.

Por lo tanto se deberá tener la sentencia judicial (Declaratoria de herederos) donde el juez me declare como tal, para poder vender la propiedad, o darla en garantía de una locación, hipotecarla para un crédito, por ejemplo. Esta sentencia, dirá que el inmueble del fallecido ahora es de los herederos y se mandará a inscribir en el Registro de la Propiedad Inmueble que corresponda (de un inmueble en Provincia de Buenos Aires, será en el Registro de La Plata, y si está él mismo en Capital, será en el Registro de la Propiedad de Capital Federal)

Los honorarios podrán abonarse al final de la sucesión, en cuotas, o en algunos casos a la venta de la casa, siempre dependerá de lo que se acuerde con el abogado. Por lo que podrá firmarse acuerdo de honorarios con éste o bien estar a la regulación del juez.

El importe de estos honorarios dependerá lo que se acuerde con el cliente. La ley habla de un porcentaje que ronda del 10 al 20% del valor del acervo hereditario (todo lo que componga lo que se ingrese a sucesión), ese valor podrá ser el fiscal o el real.
Lo importante es que cuanto antes se inicie antes estarán en orden los papeles relativos al fallecido y los herederos, y si se hace prontamente, antes podrá venderse, hipotecarse o darse en garantía, si se deseara.

No se dé por perdido si no cuenta con las partidas de nacimiento, matrimonio y/o defunción necesarias, o los títulos de propiedad, porque es documentación que puede conseguirse, y sobre todo, no dude en solicitar una cita para evacuar todas sus dudas.

## 12. MALA PRAXIS DEL ABOGADO:

**Sí**, nosotros también nos equivocamos, claro que sí clientes, colegas, médicos! Tanto me lo han dicho los médicos, que me vi obligada a escribir esta nota sobre la *Mala praxis del abogado,* es decir, en la negligencia profesional que puede incurrir tanto como el médico, el arquitecto o el contador. Solo que pareciera no estar en boga, o tal vez no es tan fácil encontrar, como me ha dicho recientemente una clienta, un abogado que quiera ir contra otro, tal vez por el dichoso corporativismo!, el mismo que evitó que las compañías de seguro le vendieran un Seguro de Responsabilidad Civil a todos los abogados del Colegio de la Capital Federal, tal como me lo hiciera saber una Cia Aseguradora especializada en Mala praxis profesional. Aparentemente la creencia popular dice que no nos equivocamos tanto como los médicos, eso es lo que piensan, pero yo creo que a diferencia de los médicos, nuestro error muchas veces está basado en esa confianza que deja el cliente en nosotros, y hay quien la aprovecha mal, y la usa para abusar de ella, y así decir que un juicio va bien, cuando no va, decir que se está ocupando cuando no lo está haciendo, y así se producen los errores, y otras veces a fin de taparlo si se incurre en mala fe.

Pero si, claro que nos equivocamos, claro que hay mala praxis del abogado, claro que pueden reclamarnos si no hacemos las cosas bien...
El contrato que nos une ha sido discutido, pero es un contrato de *locación de servicios*, es decir, nos contratan para un servicio: defenderlos, con las características de quien actúa por mandato, no por cuenta propia, y así somos mandatarios, y quien debe rendir cuentas de tal labor. Dado que nos une un contrato con ese cliente, haya habido o no un juicio de por medio (dado que se puede hablar de negligencia profesional en mediación, conciliación o arreglo o gestión extrajudicial), **el tiempo del reclamo se establece por 3 años, al igual que con los médicos y cualquier otro profesional,** -según la modificación al Código civil de agosto de 2015) es decir, tendré 3 años para reclamar en juicio por su actuar negligente a él y a su seguro si lo tuviere.
Obviamente primero habrá que estar seguro del reclamo, y al igual que en la mala praxis médica, estudiar el caso por entendidos en la especialidad a fin de saber con exactitud que tipo de contravención ética se ha dado contra el cliente: engaño, abandono de la causa, falta de comunicación, dilación, etc.
Si quien toma el caso es un abogado laboralista, no podrá, por Ej. merituar bien un caso donde ha

habido negligencia de un penalista, entonces lo ideal será consultar con uno

Un error reconocido y más con posibilidad de juicio, que sentará antecedente (para la justicia y el abogado) no es recomendable y por esto en gral se arreglan en mediación estos casos, ( y esto no queda registrado) aunque la vergüenza es grande para el profesional, formando parte de la idea de que no se equivocan, lo cual nos convertiría en algo así como semidioses, y no lo somos...un error no hace a un mal profesional, ni abogado, ni médico, y sería maduro asumir el error por parte de estos

El abogado es un profesional formado para asesorar y defender al cliente (abogar = defender), y en virtud de esto, quienes no dignifiquen la profesión desde este lugar y colaboren para que tantos y tantos clientes desconfíen de nosotros sin conocernos, serán pasibles de ser reclamados en su error, y por tanto deberán hacerse cargo de los mismos, Como? Resarciendo a su cliente por lo que dejó de percibir por su culpa o ganó de menos o perdió, y dado que muchas veces no se puede retrotraer al estado anterior de las cosas (por Ej. retomar a un empleado despedido) esto se logra resarciendo económicamente a ese cliente. Que monto? El que no se ganó (lo que denominamos **pérdida de chance**) mas el daño moral según el caso

La chance es la **posibilidad cierta que existe para ese cliente de haber ganado el juicio,** eventualmente con un buen actuar del abogado, hubiera ganado el cliente, si ciertamente no tenía posibilidad de ganarlo, entonces esa chance desaparece en parte o toda, y el abogado sólo responderá por lo que hubiera ganado, no por todo lo reclamado, y si no tenía posibilidad de ganarlo, entonces no abonará nada, por increíble que parezca, salvo padecimientos ajenos del cliente y a considerar.

Es lógico también en esta órbita de cosas, que parte de las consecuencias que debe enfrentar el profesional sea desistir de los honorarios regulados en ese juicio perdido, se haya terminado o no, se haya ganado o no, el juez regulará honorarios para todos los profesionales intervinientes, y aunque parezca insólito, estos abogados (que, remarquemos, siempre saben cuando actuaron mal) los quieren cobrar.

Antes de cualquier reclamo, habrá que estudiar concienzudamente la prueba y la actuación del profesional, lo que generalmente está aunado en el expediente judicial, para lo cual, sería interesante pedir su reserva, para que no sufra pérdidas o extravíos convenientes.

Citados a la mediación, se les pedirá asuman el error y abonen las consecuencias, y en la mayoría de los casos, como dijimos esto ocurre.
¿Que tipo de errores se cometen? Que entre tantos expedientes se nos pase citar a un cliente en tiempo y forma o este no venga y se pase el tiempo de presentar el escrito, dejar pasar el tiempo para iniciar un expediente (prescripción), no apelar cuando debía hacerse, demandar incorrectamente contra quien no es responsable del hecho, olvidar presentar prueba, que se pase el término para ofrecerla...etc
Generalmente los tiempos procesales que nos exige el código hay que recordarlos y cumplirlos, y cuando el trabajo es mucho, a veces se nos pasa, pero esto no nos exculpa, ya que en esos casos esos estudios debieran o tomar menos trabajo o redistribuirlo mejor para que no ocurra, mientras que para nosotros es un expediente, para el cliente, es su vida, es "Su expediente".
Todos los errores son de fácil prueba, porque quedan en el expediente certificados por el juzgado, con firma del profesional, de VS, fecha y hora por el *cargo* (máquina en mesa de entradas, parecido a cuando uno marca tarjeta al entrar al trabajo) por tanto no hay mucho para discutir, sino que todo estará plasmado allí.

Recordemos también que cuando el abogado se presenta por poder tiene más responsabilidad en sus actos negligentes o diligentes, que quien no lo tiene, aunque ser patrocinante no nos exime de errores

Lo interesante sería asumir que todos nos equivocamos, sino no seríamos humanos, por tanto, asumamos últimamente el error, ya que el cliente no tiene culpa de nuestra negligencia, que por otro lado, vale decir es involuntaria....

Muchos clientes o ex clientes, denunciaran en el Colegio de Abogados correspondiente, y esto constituirá una denuncia administrativa, que perseguirá aplicarle una multa o un apercibimiento al profesional, si es que tal Tribunal de Disciplina cree que hubo falta a la ética por tal negligencia. Pero también es cierto que las causas son largas y burocráticas y el cliente no nos cree lo que tardan, entonces, cambian su abogado y denuncian al anterior, sin ningún fundamento más que su bronca, esto, hay que decirlo, también pasa.

Luego será la ley de aranceles la que regule cuanto le corresponda por sus honorarios a cada abogado, sea en Capital o Pcia.

## 13. NEGLIGENCIA Y DAÑO PROFESIONAL...CUANDO?

Es interesante decir que más allá de la macana o el error que haya cometido el médico o el abogado en su actuar, no siempre este será considerado indemnizable, por qué? Y esta es la gran respuesta que no se quiere escuchar

Si el profesional actuó mal, y esto es visto por cualquiera, hasta por él mismo, pero no tuvo directa relación con un daño (palpable, tangible, actual) que se le pueda endilgar, pues entonces no habrá reclamación posible

Sí o sí debe existir un daño que surja de ese actuar, porque de no existir no hay indemnización, es decir, que cuestión deberán repararme? Ninguna.

Si como abogado equivoque la prueba, no la fundé, no apelé, pero esto no redundó en un daño para mi cliente, a pesar del actuar, no habrá indemnización.

Si el médico no hace firmar el consentimiento informado al paciente, no lo contiene, no responde todas sus dudas, lo traslada cuando no debía, y finalmente el paciente fallece, pero por una causa que nada tiene que ver con lo anterior, entonces habrá daño, habrá mal o negligente actuar, PERO NO HAY RELACIÓN ENTRE UNO Y OTRO, y no habrá indemnización.

Deben darse 4 presupuestos según el Código civil: una **conducta antijurídica** (la impericia, negligencia o imprudencia del profesional), tal **conducta debe ser endilgable o imputable a**

**este profesional**, -según el caso que hablamos- un **daño** (la secuela, amputación, fractura, patología, fallecimiento), y un **nexo causal entre una y otra cosa (daño y conducta).** Caso contrario habrá en el caso de un médico, iatrogenia (accidente médico) o bien habrá una conducta endilgable, un daño, pero ese profesional obró en la órbita de la ley, es decir, cualquier otro profesional hubiera actuado así, su conducta no fue antijurídica, obró con diligencia, pero a pesar de eso, esta resultó *por otra variable,* en el daño....

Es importante recalcar que si no se dan estos cuatro elementos, tendré, -como ocurre- que explicar sin éxito esto que nos enseñaron en la facultad, a un cliente herido, dañado y que por supuesto la mayoría de las veces no está conforme con nuestro diagnóstico del caso, lamentablemente no puedo embarcar como abogada, a nadie en un juicio donde no están dados estos elementos o bien no tenemos forma de probar que existen, pero que no solo no sería ético, sino seria un gasto en vano para todos....

Cómo sabemos si están estos elementos? Estudiando el caso, sea viendo el expediente judicial en caso de un abogado o sea con el informe del médico legista luego de ver y estudiar la historia clínica

Y esto que parece tan claro, no lo es entre la comunidad médica hasta hace unos años, solo se hablaba de las causas aparentes que motivan al paciente a demandar, (y siempre de la motivación de "carácter económico" del mismo) sin hablar y olvidando la gravedad del daño que se causó, sólo de *qué* llevó al paciente –según encuestas de instituciones médicas- a iniciar el juicio (Ej. falta de consentimiento informado, error de diagnóstico, etc.)...hoy ha avanzado la conciencia médica y la formación de tales profesionales

Es decir, nada dice que no pueda llevar a cabo un juicio donde falte alguno de estos cuatro elementos, pero al momento de sentenciar serán tenidos en cuenta y determinarán nuestra suerte....

## 14. EL CLIENTE SIEMPRE TIENE LA RAZÓN?

Hay tantos y tan distintos..., los que no pueden pagar, pero su vida darían por hacerlo...los que pasan por el Estudio y no vuelven, lo que llaman todos los días preguntando por su expediente, los que no llaman nunca, los que se mudan y no avisan, y tienen dinero depositado para cobrar que nunca retiran, los que quieren saber en que juzgado está, copia de demanda y cada escrito firmado, y ver que sigue ahora, aunque no entiendan lo que uno les diga,

Los que quieren pagar mas de honorarios para que uno se ocupe más y salga más rápido, los que conocen a gente importante, diputados, jueces, "que le mueven el expediente"...
Los que anotan todo lo que uno dice, los que se llevan 20 tarjetas cada vez que vienen al estudio para recomendar a su "abogado"...
Los que confiesan como carrera frustrada la abogacía, los que cambian de abogado 4 o 5 veces...los que no confían en ninguno, y viven consultando a otros, los que lloran cuando cobran, los que quieren cobrar a pesar de todo, los que no creen en paros y demoras judiciales, los que inventan para cobrar, los que se quedan sin cobrar a pesar de todo...
Los que quieren que "el abogado se cobre al final todo", los que no quieren pagar honorarios y que uno se los endilgue a la otra parte (cuando la otra parte también debe pagarnos...) los que por más que uno les explique nunca entienden, los que confían y firman dónde está la cruz, sin leer, porque su confianza es absoluta.... los que a fin de año traen su agradecido presente, por la gestión que realizó el abogado, y los que nunca pagan a pesar de poder hacerlo...
Todos y cada uno, son "los clientes" no que queremos sino que podemos, bienvenidos todos ¡!

## 15. ESTAFAS POR INTERNET:

Las estafas y los estafadores existieron siempre, solo que internet da más impunidad, por el anonimato, por la globalización, y por las distancias. Sin embargo es internet también quien nos da herramientas para descubrir la farsa.

La estafa consiste en "sacarle" por su propia voluntad dinero a otro, en beneficio del estafador por supuesto, en la idea de que el estafado obtendrá una ganancia o un producto, tangible o no.

El estafador tiene cara de "buen tipo", suele vestirse bien, hablar mejor, y ser muy carismático. Y eso es lo que compramos. Primero lo compramos su persona, y luego lo que nos vende. Aun creemos que el ladrón y la mala gente, debe tener mal aspecto...error!

De la última estafa que supe fue de un señor con una agencia de viajes en Perú, que vendía pasajes de avión muy económicos, tanto que era una picardía no comprarle. Decía conseguirlos a través de pilotos que vendían los suyos. Emitía el pasaje, uno podía constatarlo a través de la Aerolínea, y una vez se le giraba el dinero por *Western Union*, le daba de baja. Algunos pasajes nunca se emitieron, pero hacía llegar un recibo de la aerolínea tan similar al real, que casi no se dudaba. Finalmente los compraba con tarjetas de crédito robadas, por lo que la Aerolínea al llamar a la entidad (Visa, American Express u otras) le decían que la tarjeta estaba inhabilitada, y le rechazaban la operación al estafador por fraude. Este, probaba con otra tarjeta en la siguiente operación, y su nombre nunca quedaba registrado, dado que utilizaba los datos del pasajero para esta "emisión de pasaje".-

Me han comentado expertos en seguridad informática que "gmail" es irrastreable, porque no es política de la empresa revelar el IP por confidencialidad, así que es usual que para resguardarse utilicen estas cuentas de correo.

El nombre del estafador, es de fantasía, ( Por ej. VIAJES SRL) sin embargo a la hora de hacerle la transferencia dineraria o giro, dará su nombre y apellido completo, DNI, y dirección.

Pues es ahí donde debemos entrar a google y colocar su nombre. No en google.com.ar, sino en google.com que abaracará todos los países. En el caso que relato, esta agencia de viajes tenía 3 denuncias en un sitio colombiano, contra este buen hombre, que ya había estafado con la misma dinámica a varios.

Google es una herramienta fantástica. Los sitios como DECIDIR, y NOSIS, u otros de informes comerciales también, revelan el estado financiero de la persona y si tiene embargos o deudas crediticias. Si le debe a varios bancos y tiene embargos no levantados, de seguro, no nos devolverá dinero a nosotros....

No dejen de investigar a la persona antes de enviar dinero. Facebook, linkedin o cualquier otra red social también son buenos recursos para saber más de alguien. Quien tiene un buen historial en internet es raro que falle y sea estafador.

Quien no figura ni aparece en internet, también es extraño. Sí, sé que suena raro, pero si ud. despliega alguna actividad o la ha desplegado, está en google. Pruebe con su nombre y verá. Y si no está ud, habrá alguien que lo esté nombrando...

Mucha gente no quiere comprar por Mercado Libre, porque le da desconfianza. Sin embargo es el sitio más apto que conozco, en mi humilde experiencia, ya que el aval no lo da el sitio, (que dicho sea de paso funciona muy bien) sino los usuarios que calificando van armando el prestigio y nombre del que vende (como en la vida?). Por lo tanto quien tiene calificación 44 al lado de su nombre, es porque ha vendido y comprado 44 veces y 44 usuarios lo calificaron positivamente, y esa es su carta de presentación. Sin embargo quien tiene 1, 2, o 3 es bien baja para fiarse...

También me enteré que Interpol está a nuestro alcance para denunciar a alguien que sabemos está estafando a otros, eso sí, siempre y cuando tengamos la certeza, y pruebas, de que es así.

Los mails son prueba? Hay que verlos...no siempre....y por otro lado no todos los tribunales los aceptan como tal. Es bien difícil la prueba en estos casos, mas si interviene otro país...Esta gente no goza de una oficina propia y/o permanente de atención, sino sabría el estafado donde encontrarlo cuando descubra la estafa.

Hecho el depósito o giro, no hay tu tía! La plata se fue, y esta gente no la devuelve, sepanló!

Nada es gratis en la vida, sospechemos de servicios o productos muyyy baratos.....

No nos dejemos llevar por la cara de la gente, sino por sus hechos y la investigación de su nombre...ojo, hay mucho trucho dando vuelta, y si siguen estando es porque honrosos caen...

Mi consejo es que frente a una estafa ocurrida a través de cualquier medio tecnológico, se consulte con un abogado especialista en delitos informáticos, dado que tendrán la experiencia para poder asesorarlos. Se trata de una especialidad en nuestra profesión y se han preparado para eso, no cualquier colega podrá ayudarlos.

## 16. COMPRAR UN AUTO USADO: CONSEJOS

Comprar un auto usado depara un par de inconvenientes: no confiar en quien nos los vende, como si fuera nuestro hermano, en tanto que no lo conocemos, por lo que no podemos confiar en su palabra.
Como en todo hay entendidos, que gratuitamente o a cambio de una retribución, accederán a acompañarnos para ver el auto que elegimos luego de varios. Pues bien, esa es la palabra autorizada y la de nadie más. Si confiamos, deberemos morir en lo que nos diga. No vale nuestra intuición, es esa persona que entiende quien nos dirá si nos conviene o no la compra de ese auto.
Una vez satisfecho este recaudo tendremos el auto, el modelo, y el vendedor, pero nos faltaran un par de cosas mas, que no se pueden dejar a la deriva si luego no queremos tener dolores de cabeza, recordemos que por algo se vende el auto, que tiene más o menos desgaste según el uso que tuvo, y eso repercutirá en el funcionamiento y estado general, y

si nos lo vende una Concesionaria, no olvidar que esta también estará haciendo su negocio.
Por lo tanto deberemos exigir: **ver el DNI** de quien nos vende, para saber que realmente es su titular si eso nos dice. La **cédula verde y el título del auto**. Si este se encontrara a nombre de otro, pues bien, entonces al firmar el **contrato de transferencia "08"** este deberá ser suscripto por el vendedor (el que figura en el título) firmado ante el Registro Seccional del Automotor que corresponda o bien ante Escribano Público.
Una vez esto, y tal como cualquier otro bien (casa o embarcación) pueden recaer sobre él deudas de otros como una prenda, o bien una captura policial, así como también estar falsificados los documentos nombrados en el párrafo anterior. Entonces habrá que pedir un **Certificado de Estado de Dominio** (a nombre de quien esta el auto) informado por el Registro correspondiente, mismo informe que avisará de deuda alguna.
Luego según sea Capital o Pcia se pedirá la **verificación física del vehículo ante los puestos autorizados, el Certificado de Libre Deuda de Infracción de tránsito y el certificado de libre deuda de impuesto a la radicación de vehículos (patentes)**
*Si corresponde* habrá que verificar si se pagaron las **Obleas de Verificación Técnica** Vehicular

vigente, el **Impuesto al Fondo Nacional de Incentivo Docente y la Declaración Jurada de Bienes Registrables " 381".**

Y lo más importante, haga la transferencia a su nombre, lo antes posible, es más, intimando al vendedor a hacerla a los pocos días de señado el auto en el documento de Seña, y juntos ante el Registro Automotor donde se le entregará el total de la compra.

**Garantía por tres meses:** a pesar de no figurar explícitamente en ningún lado esto, existe, por lo que debemos recordarlo al tiempo de reclamar, teniendo éxito en estos casos el proceso de Mediación que tanto defiendo, pero no es por otra cosa que por la eficiencia del mismo

Recordemos que si el vehículo está a nombre nuestro pero lo maneja el nuevo comprador, tendremos responsabilidad si este se accidenta, choca a alguien o lo lesiona, en tanto que se demanda al dueño del auto, a quien maneja, a quien lo detenta y al dueño registral del mismo, y a pesar de no ser responsable de hecho, seremos demandados, deberemos contratar o no abogado para contestar la demanda, llamar a nuestra Cía. de seguros, etc., por lo que lo ideal es dejar la papelería en orden junto con la venta.

Ojo que no todos los vendedores/compradores que parecen confiables o buena gente lo son, por lo que

mejor desconfiar y tomar todos los recaudos, incluso con los billetes que se entregan si estos son de $ 1000 o U$ 100.
Y por sobre todo tener mucho cuidado donde ofrecemos el auto si lo publicamos en el diario, por Ej. o en Internet, para que los eventuales compradores lo vean, yo no aconsejo el domicilio particular, lo ideal es una Estación de Servicio con Drugstore o un McDonalds, cercano a nuestro domicilio, sitio seguro, con gente, donde nadie nos va a decir nada por conversar al lado de nuestro auto e incluso luego tomar un café para cerrar el trato.

## 17. ABANDONAR UN JUICIO: CADUCIDAD DE INSTANCIA, ¿que significa?

Si Ud sospecha que su abogado no está haciendo las cosas bien...si cada vez que lo llama para pedir información sobre su juicio este no está o no le responde su llamado, si cuando le dice que va a reemplazarlo por otro abogado se enoja, si le pide el número de expediente y los datos y se niega...y mientras éste continúa pidiéndole dinero...ACTÚE DE INMEDIATO
¿Por qué? Porque cuando un abogado por no darse cuenta, o por "dejado" o por lo que sea no lleva su

juicio como corresponde, y lo abandona a la buena suerte o no lo ve y no lo sigue como debe, esa falta de impulso de su parte puede derivar en la **Caducidad de la causa**, y una vez decretada por el juez y notificada a la otra parte, perdemos la acción en ese juicio, si bien no el derecho.
Si vale la comparación, salvando las distancias, como cuando un producto luego de su fecha de caducidad, olvídese de consumirlo...

¿Traducido al castellano que significa esto? Quien inicia un juicio, el actor, es el máximo interesado en que éste avance. Tales movimientos en pos de avanzar es lo que en el expediente se traduce y denomina como "actos impulsorios". El expediente no se puede dejar dormir, es obligación del abogado llevarlo, moverlo, mirarlo, activarlo, y si por alguna razón no pudiere, entonces debería dejar a salvo al cliente y su responsabilidad como abogado, renunciando, y por supuesto comunicando a la otra parte esta renuncia.

Si el expediente no se activa, la otra parte, obviamente interesada en que todo acabe a su favor, o bien el juez, interesado en que los expedientes no duerman y finalicen, pueden, pasado el tiempo que

marca el código procesal, (tres o seis meses dependerá del tipo de proceso) -sin que el actor (representado por su abogado) lleve a cabo ningún acto de estos, -VS o la otra parte podrá pedir y VS decretar la CADUCIDAD DE INSTANCIA, es decir: " este juicio acabó, se terminó", y por supuesto pagar las costas correspondientes a cargo del actor.
Terminado ese juicio se puede iniciar otro igual, siempre que estemos en tiempo procesal de hacerlo. Recordemos que tenemos según de que tema se trate equis cantidad de años para actuar (iniciar un juicio o mediación), lo que se denomina PRESCRIPCIÓN (temas laborales: 2 años, mala praxis médica 3 años, accidente automotor 2 años, etc.).-

Si decretada y notificada a la otra parte esta caducidad, aún el tema no está prescripto, podré iniciar otro juicio igual (por eso no pierdo el derecho, pero si la acción), pero si pasó el tiempo de ley, estoy lista, perdí la acción y el derecho...y ahí...no solo tendremos mala praxis de ese abogado, sino que además tendremos mucha impotencia porque no tendremos nada más para hacer con ese juicio....
Pero, si sospechamos que el abogado no se mueve, pidamos los datos de la causa, no nos durmamos, pidamos que otro abogado verifique el actuar de

éste, al menos para sacarnos las dudas, ACTUEMOS, no dejemos pasar el tiempo y que prescriba o caduque...
Desde ya quien deja caducar una causa como abogado, no tiene excusa, es negligencia profesional, y deberá reparar el daño causado a su cliente (pérdida de chance)
También es cierto que estos últimos años hay jurisprudencia donde se habla de culpa o responsabilidad concurrente entre el cliente y el abogado, es decir, el profesional incumplio, pero que hizo el cliente para saber de sus expediente? se comunicó con el abogado? le hizo saber que quería saber de su expediente o tuvo una actitud pasiva por años sin comunicarse con su abogado? ojo! el abogado es responsable de impulsar el expediente y nosotros como clientes interesados debemos demostrar nuestro interés en la causa.

Quiero dejar en claro que mientras así ocurre en Capital Federal, en los Tribunales de la Pcia de Bs.As se ha reformado el código, y solicitada la caducidad por el demandado, no se decreta directamente, sino que se le da traslado a la otra parte (al actor) y si éste a partir de esta notificación, se presenta y actúa, mueve e impulsa el expediente, la misma queda sin efecto. Es decir, la caducidad tiene distintas formas en Capital que en Prov. De Bs.As

## 18. CUANTO TIEMPO TENGO PARA INICIAR UN JUICIO. PLAZOS. PRESCRIPCIÓN:

Este caso en particular que me llegó les parecerá curioso.
Corría **1999** cuando una Sra. que había tomado la precaución de contratar un seguro de Vida y Accidentes Personales (por valor de U$ 75.000) con una conocida Aseguradora, un día, queriendo ser electricista por un momento, desplegó en su casa, las conocidas escaleras de pintor que se abren y forman así una pirámide en su forma. Recordemos que el único cuidado de estas es proceder a abrirlas en su totalidad, caso contrario, se cerrarán, y como en el caso que relato, esta buena mujer de 60 años, se fue al piso rompiéndose dos vértebras de la columna lumbar, con una secuela que aún hoy, seis años después, repercute en tareas básicas de su vida como barrer.
De esta manera, y olvidando la cobertura de su seguro, no reclamó hasta que se percató, en el **2003**. A pesar de no haber presentado nota por escrito relatando lo sucedido, y por supuesto no conservar constancia de tal reclamo (como se debe

hacer), y tampoco consultando a un abogado (como también debiera haber hecho), la aseguradora, en su inteligencia de ser un reclamo vacío, y aun cuando legalmente le convenía no responder por escrito, (en tanto que la asegurada no lo había hecho por escrito tampoco), se tomó el trabajo de hacerlo. En su respuesta dijo algo así *como "la Cía. declina toda responsabilidad por el reclamo formulado...en tanto que el siniestro se produjo en 1999 (mes y día), hasta la fecha en que efectuara el reclamo en.../../2003, por lo que ha transcurrido holgadamente el plazo de prescripción establecido en el Art. 58 de la ley de seguros "*

Que significa esto traducido al castellano? Que quien esté asegurado, cualquier reclamo que deba hacer al seguro por un siniestro, tendrá un año para reclamarlo, luego de ese año, no tendrá la acción para hacerlo.

Así estudiamos prescripción en la facultad: es el tiempo que se establece para reclamar en derecho, por tanto hay diferencia de tiempos entre un accidente, un despido, una deuda, etc. En Este caso la ley de seguros en el Art. 58 establece (1) un año.

Conclusión, esta buena mujer, al recibir esta respuesta, comprendió que nada para reclamar tenía...

El mes pasado (2005), mientras hablábamos de bueyes perdidos, me contó como no cesaba el dolor

que aún conserva en su columna, y que a pesar de tener seguro, este nunca le pagó....
Inmediatamente le solicité la papelería, concentrándome en qué le cubría su póliza, fecha de accidente, carácter del mismo y fecha de negativa de la Cia.( sin esa negativa por Carta dto. nada podríamos haber hecho)
Y aquí surge lo desafiante de esta profesión: ver lo que otros no ven. Delante de mío tenía la respuesta de la aseguradora, la respuesta más fácil que podía dar.
Contó la prescripción (el tiempo para reclamar) desde que mi clienta se había caído de la escalera (siniestro), cuando en realidad la prescripción comienza a computarse, a contarse, **desde que mi clienta sabe que lo que le pasó (fractura y acuñamiento de dos vértebras lumbares) es definitivo,** que no tiene manera de revertirlo, ya q ni le aconsejan operarse, en una palabra, su incapacidad es definitiva. Cuando se entera de esto? Cuando su médico tratante se lo hace saber. Cuando se lo hizo saber? Solicité la papelería, y fue a mediados del 2002...Guardaba una nota membretada y firmada de su traumatóloga, quien **ponía en su conocimiento** el carácter definitivo de su enfermedad; no había más para hacer, solo calmantes. Esta era la fecha que tenia q tomar la aseguradora, cuando la asegurada TOMA

CONOCIMIENTO DEL CARÁCTER DEFINITIVO DE SU ENFERMEDAD
De esta manera, se llamó a la aseguradora a Mediación, se le explicó, se le mostró la nota, y debió pagar...porque? Porque en su respuesta la prescripción estuvo mal computada, y esto ocurre a menudo, sumándole la ignorancia de los asegurados que no consultan con un abogado para sacarse la duda...
Como digo siempre: Más vale pagar una consulta que pagar luego tal omisión más cara....

## 19. ABOGACÍA PREVENTIVA....EXISTE?

Hay varios conceptos que la gente no conoce y practica, yo misma incluso...y otros que se conocen y no se practican por educación...
Hay medicina preventiva, por Ej. las vacunas, los controles periódicos, etc.; hay seguros para evitar pagar si nos roban el auto, y por esto nos aseguramos, es más, a ninguno nos falta un contador cerca.
Ahora bien cuando se trata de abogados y juicios, pareciera que solo cuando tenemos encima el problema, la demanda, el mandamiento o la cédula de notificación, recurrimos sin más remedio al abogado, incluso muchas veces, sin conocer a

ninguno de confianza y debiendo preguntar a conocidos...Es decir, si necesitamos operarnos mañana, sabremos seguramente donde, con quien, y en que centro, según nuestra obra social (porque además, sabemos que podemos enfermarnos y por eso existen las prepagas y su contratación anticipada) Sin embargo no ocurre esto con nuestra profesión.

El abogado no es visitado por el cliente, culturalmente, para "conocerlo", por si alguna vez debemos recurrir a él, tampoco buscamos uno si **no** tenemos problemas legales, tampoco se recurre al momento de firmar cualquier documento. El argentino medio, prefiere "ahorrar" y comprar el formato modelo del contrato (de alquiler por Ej.) en la librería, y al momento que el contrato no se cumpla, (sí Sres., el contrato se hace para el caso de que lo que se pacta no se cumpla) ahí sí vienen a visitarnos, y a que no saben en ese momento que es lo que tienen para defenderse? El contrato !. "*El contrato es para las partes como la ley misma*".(Código Civil Arg.)

Cantidad de clientes vienen a la consulta con un problema que deviene de un mal asesoramiento anterior, de un contrato mal redactado, leonino o que abusa de ellos. Otro ejemplo son los que hacen las inmobiliarias -contratos "tipo"-. Yo no me pongo a vender propiedades, por que entonces las

inmobiliarias hacen contratos? No cualquiera puede hacer un contrato.
Pues bien, ese inquilino, antes de firmarlo deberá hacerlo ver con "SU" abogado para que al momento de tener un problema a futuro, si lo tiene, cuente con las mejores armas para su defensa, y no las peores. Para comprar, vender, alquilar, contratar, salir de garante, sacar un crédito, certificar mi firma para, etc., etc
Y así con todo. Si la idea es formar una sociedad con amigos para un emprendimiento comercial, a pesar de tener la mejor relación, y ante la eventualidad de que la plata traiga problemas, formalizarlo con un contrato es lo mejor. Pues bien, al abogado.
La consulta será barata en relación al entuerto, al juicio, al embargo, o a una denuncia posterior, y esto es lo que debería entenderse
NOSOTROS TRATAMOS DE CONCILIAR, DE ARREGLAR, DE RESTITUIR LAS COSAS A SU ESTADO ANTERIOR, pero todo es más fácil, si antes se tomaron todos los recaudos...
Otro ejemplo son los telegramas laborales. El juicio laboral se gana y se pierde con los telegramas que se mandan y envían las partes, y en eso se basará el juicio posterior, si se envían fuera de fecha, incorrectamente, omitiendo colocar o cumplir leyes o supuestos específicos, luego no hay manera de

remontarlo en juicio, por lo que deben efectuarse y confeccionarse por un abogado especializado.
Quien renuncia no puede impugnar en la mayoría de los casos esta, y si se renuncia, más allá lo que digan los "*amigos no abogados", no se cobrará indemnización.* Tampoco se puede convertir en despido.
También es bueno saber que si cobro algo de una deuda, o pago parte, la contraparte nos hará firmar algo también, desistiendo, agregando intereses, etc., y uno a veces, por cobrar o pagar rápido no lee...
Por tanto no es lógico que nos asesore el abogado de la empresa que nos abona, o nos represente en el Ministerio de Trabajo.
Si voy a cobrar por algún siniestro al Seguro, ojo también, ojo con las incapacidades, ojo con las ART, los tiempos y las apelaciones.
El abogado *no debería* comenzar a intervenir en juicio, con un buen asesoramiento previo, y si este es conciliador, no debería arribarse a juicio.
En mi caso particular no me formaron solo para hacer juicios, de hecho, hace años que los evito. En este país, son largos, costosos y tribunales una desgracia.
Cualquier cuestión para mí es *mediable, negociable y conciliable*, sin que esto implique aceptar **cualquier** trato, otra creencia popular!

En fin, mi consejo: antes de firmar cualquier cosa, es llevarla al abogado para que la revise y nos dé el OK, y siempre contar con un abogado de confianza. Lo barato, sino, sale caro...

## 20.QUE ME CORRESPONDE CUANDO ESTOY TRABAJANDO EN NEGRO?

-Dra"**estoy en negro**"-, me dicen, puedo cobrar Aguinaldo? Cuanto me corresponde de vacaciones?
En principio diremos que una relación de trabajo (donde el otro es empleador, impone lugar de trabajo, horario y tareas a cambio de una retribución mensual o semanal) es relación de trabajo se formalice o no. Es decir: si se entrega a ese empleado recibo de sueldo, se hacen los aportes jubilatorios, se le brinda obra social, ART, y todo lo que corresponda esa relación estará como decimos aquí "blanqueada", en cambio si se trata de la misma **relación laboral sin entregar al empleado el recibo y no efectuando aportes de los mencionados, entonces esa relación será "en negro".**
En esta paleta de colores también tenemos las relaciones laborales "en gris", mitad negro y mitad blanco... en cualquier caso es importante decir que la forma que se le dé no hace diferir los derechos y

obligaciones que tiene ese trabajador. TIENE TANTO DERECHO A COBRAR SU SUELDO, SUS VACACIONES, AGUINALDO, INDEMNIZACIÓN, ETC, como cualquier trabajador en blanco. No significa estar en negro poseer una subcategoría laboral o ser menos, como se cree, al contrario, al momento de cobrar la indemnización (y probada la relación laboral, ingreso, sueldo, etc., **tal vez siendo esto lo que diferencia una relación de otra, _la prueba_,** tan difícil a veces) existen multas contempladas para ese trabajador en negro, que brindan la posibilidad de sancionar al empleador por no cumplir con lo que manda la ley.

Es claro no? Que me corresponde por trabajar en negro? Tengo derecho a aguinaldo? A vacaciones? Cuantos días? La respuesta será la misma tanto para quien trabaje en blanco como para quien trabaje en negro.

Distinto aquel a quien han obligado a inscribirse **como Monotributista, que no es más que el encubrimiento de una relación laboral**, donde insólitamente el empleado no trabaja para el empleador, sino que le factura como trabajos individuales, siendo esto despejado cuando todas las facturas entregadas por este fueron siempre para la misma persona o empresa, correlativamente (los números de las mismas) y con nadie en medio, por lo que caerá la verdadera relación al momento del

juicio en cuanto que no se trató de un profesional prestando servicios a diversas empresas, sino un empleador tratando de ocultar a un empleado en un régimen autónomo, cuando trabaja para él bajo dependencia.
Es ahí que ya no está en la Ley de Contrato de trabajo que rige cualquier otra relación, sino que mientras tenga este encuadre, será un autónomo y ningún autónomo tiene determinado un periodo vacacional o aguinaldo y menos indemnización ya que trabaja para el mismo.
De la misma manera ese trabajador en negro no tendrá posibilidad de computar tales años a los efectos de jubilarse, porque Anses no tendrá aportes registrados en función de los cuales no podrá abonar la jubilación...

## 21. SERVICIO DOMÉSTICO: QUE SE RECLAMA?

Es interesante hablar del servicio doméstico y de lo que esto significa, dado que parece no haber demasiado conocimiento sobre el tema ni por parte de quien ocupa domésticas para su casa, ni de quienes las defienden ni de quienes les reclaman ni de las trabajadoras domésticas mismas.
Quien trabaja en el Servicio doméstico, comúnmente se cree que es quien trabaja por

decirlo de alguna manera "limpiando, haciendo tareas de limpieza" no importa si es en una casa, un edificio de departamentos (PH) o geriátrico, sin embargo no es así.

El carácter de Servicio doméstico no está dado por la tarea únicamente, sino por el lugar de trabajo, las horas y los días en que se cumplan

Esto está bien establecido en **el Decreto 326/56** que regula esta actividad de manera diferente a la del resto de los trabajadores, a pesar de que se engloba dentro del derecho laboral y algunas cuestiones las regula la Ley de contrato de trabajo

El servicio doméstico será el que **se preste, como bien dice la palabra "dentro de la vida doméstica y que no importe para el empleador lucro o beneficio económico".** Que quiere decir esto? Que si Ud. tiene una empleada realizando tareas de limpieza en su Mercería, ésta ya no se encontraría encuadrada en este decreto y por lo tanto lo estará en la Ley de Contrato de Trabajo, es decir, será considerada como cualquier otro trabajador, por ej., un administrativo

Esta ausencia de lucro o beneficio económico es requisito imprescindible para la consideración como doméstica.

Las tareas a las que se refiere el Decreto comprende todas las tareas inherentes al normal funcionamiento de la vida interna de una familia y referidas a los trabajos propios de una morada o lugar que haga sus veces (similar)

Otro requisito es que quien trabaja desarrollando estas tareas, en una casa de familia, y solo llevando a cabo este tipo de tareas, debe trabajar más de 4 hs por día y como mínimo 4 veces por semana. Es decir, si tengo alguien que me ayuda en casa de lunes a miércoles, ya no es doméstica, al menos no estará encuadrada en las condiciones del decreto mencionado.
Si viene 3 veces a la semana pero más de 4 hs tampoco, **DEBEN CUMPLIRSE AMBOS REQUISITOS: HORAS Y DÍAS, y esto es lo que muchos desconocen.**
Por tanto no será doméstica quien trabaje menos de 4 hs por día y menos de cuatro días a la semana, caso contrario estamos hablando de una empleada sin más pero no encuadrada en el decreto referido.
Si bien estamos dentro del derecho laboral, no tienen el mismo régimen indemnizatorio que el de mi secretaria o administrativa, será diferente, por eso un decreto particular para esta actividad.
Lo importante es cómo se diferenciará una de otra para evitar un reclamo posterior equivocado. **Los recibos sean en blanco o negro deben dejar en claro donde trabaja (casa de familia) la**

**fecha de ingreso y los días y horas que trabaja**, y obviamente quedarnos con una copia firmada por la trabajadora o trabajador doméstica/o, ya que la ley no diferencia por sexo.

**Indemnización para empleada domestica:**
Estas son diferentes de las de la ley común (LCT)
El aguinaldo se calcula teniendo en cuenta un mes de sueldo complementario por cada año de servicio o la parte proporcional del mismo conforme a lo establecido en los Arts. 45 y 46 del Decreto Ley N°33.302/45, ratificado por la Ley N°12.921
Si el empleado tiene una antigüedad mayor a un año de servicios continuados, se le abonará una indemnización por despido equivalente a **medio mes del sueldo convenido (en dinero) por cada año de servicio o fracción superior a 3 meses.**
Deja claro el decreto, que quien no tenga aún un año trabajado en la casa de familia. (continuado, sin interrupciones), no tendrá derecho a indemnización alguna, y cuando se haga acreedor de esta, será de medio sueldo (no sueldo entero) multiplicado por cada año trabajado.

**Preaviso**: Una vez iniciado el contrato de trabajo, después de los 90 días, éste no podrá ser disuelto por voluntad de ninguna de las partes sin previo

aviso dado **con cinco días de anticipación**, si la antigüedad del empleado fuera inferior a dos años y **diez** cuando fuere mayor.
En las indemnizaciones por falta de preaviso y despido y por otorgamiento del descanso anual, se reconoce una antigüedad de hasta cinco años en la prestación de servicios anteriores a la vigencia del presente decreto-ley.
Además, no podrán ser contratados como empleados en el servicio doméstico los menores de 14 años.

**Descanso:** Tienen descanso anual.
1) diez días hábiles, si la antigüedad fuera superior a un año y no exceda de cinco años;
2) quince días hábiles, si la antigüedad fuera superior a cinco años y no exceda de diez;
3) veinte días hábiles, si la antigüedad fuera superior a diez año.
Horas diarias de descanso.
Reposo diario nocturno de 9 horas.
Descanso diario de 3 horas entre sus tareas matutinas y vespertinas.
Horas semanales de descanso.
Dos medios días por semana, a partir de las quince horas o, en su defecto, un día completo.

**Licencia por enfermedad y por matrimonio**: Por enfermedad le corresponde licencia paga de hasta treinta días en el año, a contar de la fecha de su ingreso; con respecto al matrimonio el Decreto Ley N° 326/56 no hace referencia a licencia, es decir no tendrá días por casarse

**Libreta Sanitaria**: Para poder recibir la libreta se deberá tener la constancia de inscripción en la DGI, número de personal doméstico y DNI. El trámite es gratuito.

Dos fotos 4x4.

Certificado de buena conducta expedido por autoridad policial.

Certificado de domicilio expedido por autoridad policial.

Caso Puntual:

Josefina trabajo 3 años como domestica en casa en la Casa de Maria. Iba Lunes, Miércoles y Viernes , 3 hs cada dia, y cobraba $ 5 la hora. Dado que María se muda a otra localidad le comunica a Josefina a quien no le conviene cumplir tareas en ese otro domicilio por el gasto en viático que le implica. De esta manera, María le abona la indemnización correspondiente en junio del 2004:

Sueldo mensual $ 180.-

**Indemnización por Antigüedad**: Tres años y 4 meses trabajados:
(igual a cuatro medios sueldos)........................................................$ 360.
**Vacaciones proporcionales**..................................................
...........$ 50.4
**Preaviso** de 10 días por 3 años de antigüedad (180 ./. 30 x 10) .............$ 60
**Aguinaldo** (el correspondiente a junio)...................................................$ 90

Total adeudado
$ 560.4.-

**Conciliación:**

Para zanjar las disputas que surjan entre las personas que trabajen en servicio domestico y sus empleadores, existe el **Tribunal de Servicio Doméstico**, pudiendo solicitar turno o bien tomar acuerdos espontáneos.
Tal y como en el Ministerio de Trabajo, tales acuerdos tendrán carácter de cosa juzgada, es decir, carácter de sentencia, pudiendo ejecutarse ante tribunales de no cumplirse, y a través del cual la

trabajadora doméstica nada más tendrá para reclamar.
Recordemos también que tendrá en cualquier caso 2 años para reclamar por cualquier deuda laboral, desde el momento de procurado el despido o desvinculación.
Se aconseja entonces, blanquear a estas trabajadoras, no solo para evitar problemas, sino para darles el aporte jubilatorio correspondiente, y evitar que Afip caiga sobre quienes las empleamos.

## 22. TRABAJO EN BLANCO Y EN NEGRO: REGISTRACIÓN LABORAL: MULTAS Y SANCIONES

Cómo dijimos más arriba, la Relación Laboral que une a un empleado con su patrón podrá: a) estar totalmente registrada, esto significa que el trabajador estará en blanco absolutamente (todo su sueldo y beneficios por recibo) MÁS LAS INSCRIPCIONES CORRESPONDIENTES EN EL MINISTERIO DE TRABAJO, o bien b) deficientemente registrada (algo en blanco y algo en negro, algo inscripto y algo no) o bien c) no registrada, no tendrá recibo de sueldo ni figurará inscripto en ningún organismo.-
En cualquiera de los tres casos, los derechos y obligaciones del empleador y trabajador no se

modifican, (a lo sumo le costará más al empleado / en juicio / probar su relación, mes y año de ingreso y sueldo mensual)

*Ley 24013 De la regularización del empleo no registrado*
*Capítulo 1*
*Empleo no registrado*
*ARTÍCULO 7 - Se entiende que la relación o contrato de trabajo ha sido registrado cuando el empleador hubiere inscripto al trabajador:*
*a) En el libro especial del artículo 52 de la Ley de Contrato de Trabajo (t.o. 1976) o en la documentación laboral que haga sus veces, según lo previsto en los regímenes jurídicos particulares;*
*b) En los registros mencionados en el artículo 18, inciso a).*
***Las relaciones laborales que no cumplieren con los requisitos fijados en los incisos precedentes se considerarán no registradas.***
ARTÍCULO 18. - El Sistema Único de Registro Laboral concentrará los siguientes registros:
a) La inscripción del empleador y la afiliación del trabajador al Instituto Nacional de Previsión Social, a las cajas de subsidios familiares y a la obra social correspondiente;

ES DECIR: SI NO TENGO RECIBO DE SUELDO COMO EMPLEADO, NO ESTARE INSCRIPTA EN LA OBRA SOCIAL, NI EN ANSES NI MI EMPLEADOR COMO TAL EN AFIP.

En los tres casos de relaciones registradas o no, regirá la ley de contrato de Trabajo (LCT 20744) amén de otras que regirán el aspecto "registral" de tal relación, por así llamarla.-

Es importante saber cuales son estas leyes, que penarán al empleador en caso de incumplimiento de las normas de registración y pago, y más aún saber aplicarlas antes del juicio en el intercambio epistolar, ya que será en ese momento donde se ganará o perderá el juicio que no empezó.

Lo que dará lugar luego a probar o no los dichos de los telegramas, será justamente lo que se haya argumentado en los mismos, por esto es que si me doy por despedido indirectamente, luego no podré hablar de despido directo, o si argüí en el telegrama que lo era por embarazo, luego cambiar la causal en juicio

Así también serán importantes los tiempos de cumplimiento de las cargas tanto para el empleador como para el trabajador

Veremos entonces que: es importante no solo conocer la LCT sino la ley 24013, la 25013, (ambas creadas por la registración ausente o deficiente), la

25345 (de nov. del 2000 Prevención de la Evasión Fiscal)

**Intercambio epistolar (cartas documento y telegramas):**

Si la relación laboral no está registrada, siempre podremos mandar un telegrama (telegrama) para que el patrón Registre está debidamente

"*INTIMO 48 HS REGISTRE DEBIDAMENTE MI RELACIÓN LABORAL: por mi real sueldo $ 800, mi real categoría, plomero, y mi real fecha de ingreso 4/5/06, caso contrario me consideraré despedido por su exclusiva culpa (ley 24013 arts 8 a 11)*"

(Es importante no dejar de citar la ley que obliga a esto, y lo que uno quiere que el patrón registre. No valdría si no se enuncia la ley o si se dice "por mi real sueldo" y no se coloca cuánto es)

Si de la otra parte (abogado del patrón o patrón sin abogado) se responde a ese telegrama, negando por Ej. el importe del sueldo o la fecha de ingreso o lo que sea, SE HABRÁ RECONOCIDO LA RELACIÓN, aunque se desconozcan los ítems, Y PASARÁ A SER REGISTRADA (obviamente de forma deficiente) una relación que no lo era, punto para el empleado

Si hay un buen abogado del otro lado, (o especialista en laboral) frente al telegrama, deberá responder

“SR YO A UD NO LO CONOZCO, CESE EN SUS DICHOS”

Muchas veces el telegrama no se contesta, pero el abogado de la otra parte responde con un llamado para conciliar

En caso de que la relación esté deficientemente registrada, se enviará la misma telegrama y se reclamará también el certificado de servicios- del art 80 LCT-, sin cuya entrega se establece una multa de 3 sueldos, la constancia de estar inscriptos en el Ministerio (por Ej. contrato a prueba), Anses y Obra social. (SIN INTIMACIÓN PREVIA NO HABRÁ LUEGO LUGAR A COBRAR MULTAS)

Según la ley, una vez la intimación a la registración, el empleador tendrá 30 días para regularizar en la AFIP, salvo si niega estar en falta, en ese caso el trabajador se sentirá injuriado y despedido indirectamente y lo hará saber por telegrama también.

Si extrañamente el empleador promete registrar, pasados 30 días sin que lo haga, nos daremos también por despedidos indirectamente

SERÁ IMPORTANTE ANTES CUMPLIR CON EL REQUISITO DE ACOMPAÑAR A AFIP telegrama EN COPIA PARA Q ESTOS SE ANOTICIEN (DENTRO DE LAS 24 HS DE ENVIADO TELEGRAMA DE REGISTRACIÓN, SINO NO

TENDRÁ VALIDEZ LA MULTA POSTERIOR LEY 24013 Art.11)

El último telegrama será: "ATENTO SU NEGATIVA Y SU FALTA DE REGISTRACIÓN, causándole injuria suficiente, vengo a darme por despedido por su exclusiva culpa, solicitando las indemnizaciones de ley. Queda UD notificado"
Configurado el despido (en Capital Federal), podrá acordarse asistir al Seclo para un acuerdo espontáneo o bien se enviará al trabajador o bien el abogado, con previo poder laboral del Seclo, a que citen a la otra parte para lograr conciliar previo a juicio.

**Las Multas previstas:**

Las multas previstas por las diferentes leyes son

1. Indemnización por despido, Art. 245 LCT, un año por cada año trabajado o fracción sup. a 3 meses (siempre acorde a convenios laborales como topes indemnizatorios)
2. Mora en pago de indemnizaciones: si el patrón demora en el pago el Art. 2 de 25323 prevé multa del 50% de lo que dio el importe anterior
3. Retención indebida de aportes, Art. 43 Ley 25.345, se deberán pagar haberes hasta el día del efectivo pago

4. Omisión de entregar Certificado de aportes y Servicios (Art. 45 ley 25345), multa 3 haberes
Se acumularan todas las nombradas (1,2,3,4) en el caso de Relación Laboral registrada.-

**En caso de Relación Deficientemente Registrada o No Registrada:**
Se aplicará la 1) Art. 245 LCT ya nombrada
2.- optare por Ley 24.013 - Art. 11 Intimado a regularizar al patrón, no lo hace, este deberá pagar el 25% de haberes en negro y 50% de 1) en concepto de multa

o bien sin acumularse,

3.- Ley 25.323 art 1 Se duplica 1)
*Art 1. Las indemnizaciones previstas por las Leyes 20.744 (texto ordenado en 1976), artículo 245 y 25.013, artículo 7°, o las que en el futuro las reemplacen, serán incrementadas al doble cuando se trate de una relación laboral que al momento del despido no esté registrada o lo esté de modo deficiente.*
*Para las relaciones iniciadas con anterioridad a la entrada en vigencia de la presente ley, los empleadores gozarán de un plazo de treinta días contados a partir de dicha oportunidad para regularizar la situación de sus trabajadores,*

*vencido el cual le será de plena aplicación el incremento dispuesto en el párrafo anterior.*
*El agravamiento indemnizatorio establecido en el presente artículo, no será acumulable a las indemnizaciones previstas por los artículos 8°, 9°, 10 y 15 de la Ley 24.013.*

Más:
4.-Ley 25323 art 2 (mora en el pago de indemnizaciones) 50% más del 1)-
5. Ley 25345 art 43 , Retención indebida de aportes (haberes hasta pago efectivo)
6.- Ley 25345 art 45. Omisión de entrega de certificado (3 haberes de multa)

**En todos los casos debe intimarse antes por telegrama**

**Ejemplo: (deficientemente registrada)**
Ingreso trabajador 1/5/06
Registración 1/07
Sueldo $ 800 (400 en blanco y 400 en negro)
Despido indirecto 4/08

Tiempo trabajado efectivo: 2 años
Fecha pago indemnización 6/08

- Art 245..............................................................................$ 1600
- Optare por 24013 (25% del negro = $ 100) mas $ 1600.............$ 1700

O bien optar por:

- 25323 Art.1..............................................................................$ 1600

Más:

- 25323 art 2 (50% más del 1).................................................$ 1600
- 25345 art 43 (haberes hasta el pago)........................................$ 1600
- 25345 art 45 (3 haberes) 800 x 3.........................................$ 2400
- Haberes adeudados
- Sac
- Sac s/preaviso
- Preaviso
- Vacaciones prop.-

## 23. ACOSO LABORAL O MOBBING LABORAL

Mucho se habla del Mobbing Laboral o acoso psicológico o moral en el trabajo, que produce en las personas que lo padecen depresiones y angustias originadas por conductas despectivas y agresiones verbales de superiores, aunque a veces también pueden contribuir a ello compañeros del mismo nivel jerárquico.

Motivar al trabajador para que esté contento en la organización es una tarea compleja, ya que cada persona es diferente, percibe las cosas de forma distinta y, por tanto, se motiva también de distinta manera. Lo que vale para una persona no vale para otra.

Muchas veces se ha considerado al dinero como único factor motivador. Esta teoría no solamente es errónea sino que, además, en el caso que fuese cierta, perjudicaría notablemente a las pequeñas empresas cuyos recursos económicos son más bien escasos.

Aunque el dinero siga siendo un factor motivador, se pueden realizar acciones en las organizaciones sin el uso del mismo:

- **Variedad en la tarea:** está demostrado que el trabajo rutinario es desmotivador.
- **Agradecimiento:** una sincera palabra de agradecimiento en el momento preciso, puede significar para un trabajador mucho más que un aumento de sueldo. ¿Le ha escrito alguna vez a un trabajador una nota de agradecimiento? ¿Se ha interesado por una aficion del mismo y le ha regalado un detalle el día de su cumpleaños? ¿Ha

planificado alguna celebración por algún logro de objetivos?

- **Hacer ver al empleado la importancia de su trabajo:** las personas disfrutamos haciendo las cosas bien, tanto si se diseña un producto, se esculpe una estatua o se rectifica un eje de acero. Un trabajador tiene que captar que gracias a su trabajo el producto que diseña se fabricará, se admirará su escultura y rodará el vehículo para el que rectifica el eje.
- **Delegación de responsabilidades:** Además de que la delegación es necesaria para la correcta gestión de una organización, los empleados trabajarán mejor si tienen autonomía, utilizan la creatividad de sus mentes y se sienten dueños y responsables de sus decisiones.
- **Carrera profesional:** los trabajadores necesitan sentir que evolucionan profesionalmente, que tienen una meta y que cada día avanzan en esa dirección.
- **Promoción:** si el trabajador tiene carrera profesional en la empresa y ésta se ha preocupado de su formación, la organización tiene en su propia casa a la persona que precisa para las vacantes que se producen o los nuevos procesos que se incorporan.
- **Comunicación:** los trabajadores tienen que recibir constantemente la comunicación necesaria

de todo lo que acontece en la organización, sea bueno o malo: los resultados del ejercicio, las estrategias y planes de futuro. Un trabajador debe conocer cuál es el futuro de la empresa y las decisiones importantes que se toman. De esta forma se sentirá dentro de la organización, tendrá sentimiento de pertenencia.

- **Programas de sugerencias y política de puertas abiertas:** los trabajadores se sentirán motivados si perciben que se escuchan y valoran sus sugerencias. Mucho más si los directivos y responsables de procesos mantienen una política de puertas abiertas y el trabajador percibe un clima de comunicación abierta con sus superiores.
- **Ambiente laboral**: un buen clima laboral favorece la integración de las personas en la organización y es una de las bases del éxito empresarial. El ambiente laboral comienza en el recibimiento grato en la empresa y la preocupación de la organización por el nuevo trabajador, y se alcanza cuando la persona trabaja en un entorno favorable propiciado por la calidad del líder, flexibilidad en reglas y procedimientos, grado de confianza, formación, comunicación ascendente y descendente, retribución justa, condiciones de trabajo adecuadas (salud laboral), inexistencia de mobbing, etc.

**Nuevas formas de organización del trabajo:** rotación de puestos, formación de equipos, horarios flexibles, semana laboral compactada, teletrabajo, períodos de vacaciones en Semana Santa y Navidades, etc.

**Prevención del mobbing**

La empresa es la responsable que el ambiente laboral sea correcto. Para ello deberá tomar ciertas medidas:

- Velar por la calidad de las relaciones laborales.
- Realizar una asignación equitativa de los trabajos y de las cargas.
- Estructurar y concretar las funciones y responsabilidades de cada puesto de trabajo, evitando ambigüedades.
- Evitar el exceso de competitividad entre los trabajadores que puede acabar generando este tipo de problemas. proporcionando trabajos con bajo nivel de stress y alta autonomía, capacidad de decisión y control sobre el propio trabajo.
- Capacitar a los líderes para que sean capaces de identificar posibles conflictos y que sean capaces de reconciliación.
- Establecer sistemas de acogida e interpretación de los trabajadores acabados de incorporar.

En cuanto a la protección legal pueden ser abordadas desde la Constitución Nacional en el marco del Art. 14 bis, en tanto que la Ley de Contrato de Trabajo 20.744 presenta en su articulado las siguientes posibilidades:

- Art. 62: Obligación genérica de las partes.-
- Art. 63: Principio de la buena fe.-
- Art. 65: Facultad de dirección.-
- Art. 66: Ius variandi.-
- Art. 75: Deber de Seguridad.-
- Art. 78: Deber de Ocupación.-
- Art. 81: Igualdad de Trato.-
- Capítulo VIII, Título II "de la formación profesional" (Incorporado por Ley 24576).-
- Art. 242: Extinción del contrato por "justa causa".-

El marco legal de referencia se continúa con las siguientes normas:

- Ley 23592 "antidiscriminación".-
- Ley 25013, Art. 11 Despido discriminatorio.-
- Ley 24.557, de Riesgos del Trabajo, nueva redacción del artículo 75 l. 20.744 y el concepto accidente de trabajo y enfermedad profesional.-

Intimar al acosador mediante carta documento a que haga cesar el acoso, bajo apercibimiento de iniciar acciones legales.

Podría considerarse el acoso como una injuria grave, (de tal magnitud que no permita la continuidad de la relación laboral) y abandonar el trabajo con todos los beneficios indemnizatorios de un despido sin causa justa. Dicha cuestión está prevista en la ley de Contrato de Trabajo.
De probarse la injuria, podría solicitar el despido del acosador, y así preservar él su puesto de trabajo.
Se podría recurrir (casi sin sentido ante un acosador) a la conciliación obligatoria, con el fin de plantear el problema y dar fin a los actos de discriminación.
Es importante decir que como cualquier otro tema que queramos se haga justicia se necesita poder probarlo. Si somos víctimas de mobbing debemos tener alguna filmación de las cámaras de seguridad de la empresa por ejemplo donde trabajamos, whatsapp, testigos, etc, ya con solo decir que soy acosada/o no es suficiente.

## 24. ¿QUE DEBO HACER FRENTE A UN ACCIDENTE O ENFERMEDAD LABORAL ?

Empecemos por definir accidente de trabajo. Según la ley 24.557 (LRT) que es quien los regula, dice que es **todo hecho súbito y violento que ocurra en ocasión de trabajo, como así también los ocurridos entre el domicilio del trabajador y**

**el lugar de trabajo, siempre y cuando el trabajador no modifique o altere el trayecto por causas ajenas al trabajo. Enfermedad laboral es aquella que se produce como consecuencia de la realización de sus tareas laborales.**

Frente a un accidente, el empleador está obligado a denunciar a la Aseguradora (ART), todo accidente de trabajo o enfermedad profesional que sufran sus trabajadores. También podrá efectuar la denuncia el propio trabajador, sus derechohabientes (herederos), los prestadores habilitados, o cualquier persona que haya tenido conocimiento del accidente de trabajo o enfermedad profesional. Si el empleador toma conocimiento de un accidente de trabajo o enfermedad profesional, debe realizar la denuncia formal ante la ART y enviar al damnificado, al prestador médico habilitado por la ART.

**Que pasa si el empresario no hubiera contratado ART?**

Entonces será el empleador el responsable ante los trabajadores y sus familiares de brindar todas las prestaciones médicas y dinerarias previstas en la ley N° 24.557.

Si el caso es de un empleado "en negro" y obviamente con ningún seguro, entonces este podrá gestionar ante la Superintendencia de ART, donde determinarán los daños que le causó el accidente en su salud y gestionarán ante el empleador que lo reconozcan como trabajador, y que le paguen la indemnización que corresponda. Denunciado el accidente o enfermedad es la ART es la encargada de brindar todas las prestaciones médicas y dinerarias previstas por la ley, inmediatamente después de ser notificada del accidente de trabajo o enfermedad profesional.

**¿Cuáles son los tipos de exámenes médicos laborales?**

Son cinco: **Preocupacionales, Periódicos, por Cambio de Tareas (con exposición a riesgos diferentes), por Ausencia prolongada y de Egreso**.

Siendo obligatorios los exámenes Preocupacionales, a cargo del empleador y los Periódicos, a cargo de las ART, quien si no los realiza, debe ser denunciada por la empresa. En cualquier caso, recordemos que siempre se deben informar al trabajador los resultados que de ellos surjan.

Es importante no olvidar llevar a cabo tanto el examen preocupacional cuando el empleado entra a trabajar, como el postocupacional cuando se retira. El primero dejará constancia del estado completo de salud de ese trabajador que luego reclamara por ejemplo por disminución de la vista o de la audición, y nuestra prueba será tal examen. En cambio el postocupacional valorará el estado en que sale del trabajo, en tanto que tiene por ley 2 años para cualquier tipo de reclamo por enfermedad laboral, en cambio si puedo constar que se retira con cierto estado de audición, luego no podrá variarse.

**<u>El examen preocupacional abarcará:</u>**
1-Declaración jurada del postulante, respecto de las patologías que sean de su conocimiento (padezca y/o haya padecido)
2-Examen Físico completo que abarque todos los aparatos y sistemas, incluyendo agudeza visual cercana y lejana.
3-Laboratorio: Hemograma. Eritrosedimentación. Urea. Glucosa. Chagas. Orina.
4-Radiografía panorámica de Tórax. (Con informe)
5-Electrocardiograma. (Trazado solo si hay alteraciones)
6-Neurológico y Psicológico según la tarea a desempeñar. ( por ejemplo conductores de automotores, grúas, autoelevadores, trabajo en altura, etc. )
7-Otros Estudios: Según las tareas a desarrollar
8-Debe consignarse APTO PARA LAS TAREAS PROPUESTAS CON O SIN PATOLOGÍA PREVIA,

firmado por el postulante y el o los médicos que realizan el examen.- Cuando se detectan patologías comprendidas en el Listado de Enfermedades Profesionales establecidos por la L.R.T en su Decreto 658/96 y/o se trate de patologías comprendidas en la Tabla de Evaluación de Incapacidades Laborales Decreto 659/96 se procederá la Fiscalización de las mismas.

*También es necesario cumplir con todas las Normas de Seguridad e Higiene en tanto que serán esos elementos los que disminuirán la capacidad de producción de accidentes laborales en nuestra empresa.*

**¿Qué pasa si el empleador no cumple con las normas de higiene y seguridad?** El empleado podrá denunciarlo si tiene domicilio legal en Capital Federal, en la Dirección General de Protección del Trabajo; si el empleador es de la Provincia de Buenos Aires, se dirigirá al Departamento de Higiene y Seguridad del Ministerio de Trabajo de la Provincia. En el caso de otras provincias se dirigirá a la Secretaría de Trabajo correspondiente.

Puede ocurrir que la ART rechace el accidente o enfermedad laboral. En ese caso, el trabajador podrá apelar ante la Comisión Médica que se lo rechazara, y se elevará en ese caso a la Comisión médica central, (Superintendencia de ART) para luego, si es nuevamente apelado ser elevado como última instancia ante los Tribunales de la Seguridad Social, donde será visto no ya por tales comisiones sino por el Cuerpo Médico Forense de Tribunales. Es importante saber que si el trabajador, disconforme con la atención de la ART se dirige a su Obra social, estará rechazando la atención de la ART y podría perder los beneficios que le brinda el sistema- llámense prestaciones médicas o dinerarias-

**Que pasa si la ART le da el alta al empleado y este no se presenta a trabajar?**

En ese caso puede que el empleado siga con dolencias que le impidan presentarse a trabajar y que haya pedido lo revean (Divergencia en el alta), en cualquier caso, la ART brindara tal información a la empresa.

Aún iniciado el trámite el empleado debe seguir trabajando, hasta tanto tenga el dictamen de la comisión Médica. Si no puede concurrir a trabajar, deberá presentar certificados médicos, que servirán de justificativo si la Comisión Médica se expide finalmente a su favor

***<u>¿Cómo se determina una incapacidad?</u>***
Con la aplicación del BAREMO o Listado de Incapacidades Profesionales, que establece los porcentajes de incapacidad correspondientes a las distintas secuelas anatómicas o funcionales que presenta el trabajador que sufrió un accidente de trabajo o una enfermedad profesional.
***<u>¿Quién la determina?</u>***
El porcentaje de incapacidad debe determinarlo su ART según lo establecido en el punto anterior y la Superintendencia de Riesgos del Trabajo lo citará para controlar y certificar dicho porcentaje a través de las Oficinas de Homologación y Visado.
***<u>¿Qué pasa si no se homologa?</u>***
El expediente es girado a la Comisión Médica para que esta última determine la incapacidad.

***<u>"Accidentes in itinere"</u>***

Más allá de los accidentes ocurridos dentro de la fábrica o comercio, o aún en la construcción, por nombrar algunos, existen aquellos que <u>sufre el trabajador en relación de dependencia durante el trayecto desde su domicilio real hacia el sitio de</u>

<u>efectivo cumplimiento del débito laboral y viceversa, siempre que no mediare alteración o modificación del trayecto directo.-</u>

Si lo pensamos, es de difícil control por parte del empresario, quien mal puede controlar algo que no ve y más que un accidente laboral, pareciera que habláramos de un "siniestro de tránsito producido por el hecho del trabajo" y su inclusión en el sistema de reparación de la L.R.T. se basa en el razonamiento lógico e inapelable de que es el empleador quien obliga al trayecto y, por tanto, resulta responsable del mismo.-

Es por esto que hay propensión al fraude. Por su difícil verificación y prevención por parte del empleador o ART, por consejo de los sindicatos o abogados incluso, en tanto que la ART cubrirá aun los traslados y todas las prestaciones como comentáramos.

Así y todo, legalmente, si el empleado cambiara el recorrido para ir o volver a su trabajo, deberá notificarlo fehacientemente, antes (por Ej. Porque va a ir al médico o al dentista durante un mes todos los jueves a la salida de su trabajo) porque si durante este nuevo recorrido sufre un accidente vial o en la calle, por Ej., una caída, la ART no deberá indemnización alguna.

Ninguna reparación integral es posible, cuando se trata de remediar los más graves daños que sobre la persona puede generar un accidente de trabajo. Por cierto, ninguna indemnización retrotraerá la situación a las circunstancias previas al accidente, cuando éste ha generado una incapacidad relevante en el trabajador....

## 25. Compré un inmueble con defectos: LOS VICIOS OCULTOS O REDHIBITORIOS:

Que pasa cuando una vez comprada una casa me encuentro con "fallas" o "vicios" que ni sospeché, ni se veían cuando la compre? Puedo hacer algo? La ley me ampara?

Es muy comun hoy dia donde todo se trata de abaratar, así como los costos, la mano de obra, y hasta la contratación de un arquitecto, comprar un inmueble y que el vendedor por ejemplo, cubra la humedad con un buen lavado de cara como se dice comúnmente, o con tantas manos de pintura, que la humedad existente en esa pared fuera imposible verla hasta meses después. No tan comun son otros vicios ocultos en la propiedad que el vendedor omite ponerlos de relieve para que el comprador no se eche atrás en la compra o pague menos por ello.

Quien construye utilizando mano de obra barata y materiales "económicos" y poco idóneos para la obra que se emprende, contratando gente poco o mal preparada, apareciendo sorpresas para el propietario, como la de quien luego de un par de asados en la parrilla de su casa, debió llamar a los bomberos para apagar un insípido pero no poco relevante incendio en el tirante de madera que pasaba por encima de la chimenea de esa parrilla que ocasionará que su casa se llenara de humo en el interior, dañando el papel de las paredes, el cielo raso de madera y el techo exterior que debió ser abierto a hachazos por los bomberos para frenar lo que pudo ser el incendio de su casa.

Que se hace en un caso así? Puede reclamarse? A quien? Cómo se formaliza el reclamo?

El Código Civil define esta situación, denominando estos vicios como Vicios ocultos (o redhibitorios) los que existen en un inmueble al tiempo de su compra, y que lo convierten en impropio para su destino, esto es que disminuyen su uso total o parcialmente (pero de manera sustancial), y que si el comprador los hubiera conocido no lo hubiera adquirido o hubiera dado menos por ese inmueble.

De lo que se deduce que existe GARANTÍA por el inmueble comprado, debiendo obligadamente tratarse de vicios que no se pudieron ver o percibir de ninguna manera al adquirir el inmueble, (dado que aquí no entran los vicios aparentes.)

Cuando hablo de Garantía me refiero a que el Código Civil nos ampara para reclamar (son 3 años para hacerlo). Y al igual que cuando compramos un electrodoméstico la garantia es la factura de compra, aqui sera la Escritura del inmueble. Asesorense.
Tampoco se podrá hacer jugar esta garantía, si quien vendio puede probar que el comprador conocía o debía conocer estos vicios (según su profesión u oficio), es caso de quien como constructor compra para sí. Tampoco correrá la misma para quienes adquirieron el inmueble en remate o adjudicación judicial.
Entonces quien compro o alquilo un inmueble en aparente buenas condiciones y después se encontró con defectos de construcción, o en los materiales utilizados, o con humedad o con cualquier otro defecto que le impide utilizarlo, habitarlo, alquilarlo, repararlo, deberá poner de manifiesto la garantía de la que goza. Queda claro que los defectos pequeños de la propiedad no son vicios ocultos garantizados por este artículo 2164 del CC. Y tampoco estamos hablando de vicios ocultos en la escritura, ni en el boleto de compraventa ni en documentación relacionada con la operación de compraventa o alquiler de tal inmueble, ya que se trataría de otros vicios (de derecho) pero no los *de*

*hecho,* tangibles y capaces de ser percibidos por quien habita la propiedad.
Estamos hablando de vicios claros, graves, reparables o no, por los que no puede pactarse (en la escritura o contrato) la eximición de responsabilidad para el vendedor, es decir, este no puede hacerse un lado y resultar no responsable de tales posteriormente. Cuenta entonces la buena fe tanto de quien está de un lado como del otro del contrato. Si el que compra pretende hacer valer un vicio de una propiedad que luego demolerá, no tiene sentido su reclamo y no existe buena fe de su parte. Tengamos en cuenta que también pueden existir tales vicios en los planos, en la dirección de obra o en la construcción.-
Además del Código Civil también la Ley 24.240 de Defensa del Consumidor, en su artículo primero incluye en las relaciones de consumo, las establecidas para la adquisición de inmuebles nuevos o lotes de terreno destinados a vivienda, con la condición de que "la oferta sea pública y dirigida a personas indeterminadas". Es decir que las transacciones de este tipo son atendidas por dicha ley, pero no así las pactadas entre particulares.

A quien se le reclama y cuanto tiempo tenemos para hacerlo?

*a) Garantía del constructor y/o arquitecto y/o maestro mayor de obra*: tenemos 10 años contados no a partir de que la obra fue recibida y pagada, ni tampoco desde que la obra fue recibida, sino desde que la obra fue aceptada Nace del reclamo por cualquier problema estructural propio de la construcción, en razón de la profesión de estos.
b) garantía por vicios aparentes: son los descubiertos a simple vista. Hay un plazo de 2 años para denunciarlos.
c) garantía por vicios ocultos: aparecen tiempo después de adquirido el inmueble, como suele ocurrir con las manchas de humedad escondidas bajo una mano de pintura. El reclamante tiene tres meses (o 60 días hábiles) desde la aparición del desperfecto para exigir la reparación tanto al constructor como al vendedor.

La responsabilidad puede también transferirse al vendedor del inmueble, siempre que la cuestión se encuentre dentro de los parámetros que rigen a los vicios en la compraventa
También existe el caso en que los responsables sean quienes intervinieron en la cadena de fabricación y comercialización cuando los materiales utilizados fueron defectuosos, ejemplo de esto es el caso de ladrillos con fallas de fabricación.

Puede llegar incluso a sancionarse penalmente al empresario constructor de una obra cualquiera o al vendedor que cometiere en la ejecución de la obra o en la entrega de materiales, un acto fraudulento capaz de poner en peligro la seguridad de las personas o de los bienes.(lo que significa vender materiales de una calidad que no es la prometida o la que figura en los papeles) Para que se aplique este delito, la acción debe consistir en una defraudación en las sustancias, calidad o cantidad de los materiales utilizados en la ejecución de una obra o vendidos para su construcción (lo que torna muchísimo más barato el material para quien lo vende y para quien lo compra). Si el caso no encuadra en un tipo penal, quedará aún por analizar la responsabilidad civil por daños y perjuicios e incluso la responsabilidad administrativa que protegen nuestras leyes de lealtad comercial.

¿Qué sucede con la compra de inmuebles usados?

No están comprendidos dentro de los posibles reclamos a la Subsecretaría de Defensa del Consumidor, que es la autoridad de aplicación de la ley 24.240.

Esto no quiere decir que no pueda demandarse al vendedor de un inmueble usado ni tampoco de uno nuevo, cuando se trate en este caso de una transacción hecha entre particulares. Lo que cambian son las cosas por las cuales se va a reclamar.

Que se reclama?

**Tenemos dos acciones**: una en la que se resuelve el contrato (se termina) y se restituye el inmueble, con más la correspondiente indemnización por daños y perjuicios que se hubieren ocasionado. Es claro que en este caso el propietario no tiene interés en conservar el inmueble, porque no le resulta útil y termina la relación con lo unió con el vendedor como si nunca hubiera existido, devolviéndole el dinero por la compra y la indemnización por los daños que le hubiere ocasionado. Es el caso, por ejemplo, del inmueble donde se utilizaron materiales de construcción defectuosos o simplemente se hicieron las cosas mal y comenzaron a agrietarse las paredes, los techos, los pisos y finalmente el inmueble resultó inhabitable, o bien conexiones de gas, luz o calefacción mal hechas, donde como el caso de la losa radiante, muchas veces el parquet o piso de madera se ondula en nuestros pies, deformandose absolutamente.

La otra acción es la llamada Cuanti Minoris, y tiende a que se establezca entre las partes cual es el verdadero precio del inmueble en virtud del vicio/s

oculto/s existente/s, debiendo probarse que el valor pagado en su momento por el inmueble no se corresponde con el estado de la misma. Si se pagó $ 100.000 y el daño es de $ 30.000, la indemnización o devolución lo será por $ 30.000, en tanto que la propiedad debió valer $ 70.000 de haber conocido el vicio y los daños a producir.
El comprador puede intentar cualquiera de las dos acciones pero no tendrá derecho para intentar una de ellas después de haber fracasado en la primera o haber intentado la otra.
Es importante decir que esta garantía tiene lugar aunque no se exprese por escrito, aun cuando quien vende afirma que el inmueble está exento de defectos.
Los daños y perjuicios a reclamar variaran en función de los ocasionados. Podrán estar relacionados con la salud, si la humedad por ejemplo produjo daños en la salud de sus habitantes (asma, alergia, etc); las molestias ocasionadas durante los arreglos que deban realizarse, la imposibilidad de alquilar ese inmueble si se trata de una casa de veraneo o fin de semana denominado lucro cesante, es decir, la ganancia que me perdi de percibir por tal vicio; así como relacionarse con cuestiones laborales o de traslado si por ejemplo debo mudarme durante su refacción a otro inmueble mucho más lejano a mi trabajo, etc

Percibido el daño escondido, disimulado, oculto, deberá denunciarse dentro de los 60 días, caso contrario no habrá acción viable.
Será necesario contar con arquitecto, escribano y/o plomeros, techistas, o entendidos en la materia que haya tratado el daño producido. Si se trata de un defecto de la construcción o de los materiales utilizados en la misma, será un arquitecto quien acercándose al inmueble, podrá con su conocimiento determinar el origen, las causas y hacer un buen diagnóstico, así como valuar los daños, los conceptos a reparar o no, el costo de estos, la mano de obra y los materiales que se requerirán. En cambio será diferente si el problema ha sido el tiraje del hogar o la calefacción. En cualquier caso será favorable para "hacer prueba" y en vista de lo que puede demorar la mediación o el eventual juicio, acercarse al lugar con un arquitecto, el techista (de ser necesario) el escribano y una cámara de fotos. El escribano dará fe pública de las fotos, la inspección ocular del arquitecto, y este último elaborará por escrito cual a su criterio ha sido el error, la omisión o en que radica el daño, como solucionarlo, cuanto deberá emplearse en mano de obra, materiales, etc, siendo firmado por el. Es importante que cada presupuesto este membretado por el profesional que intervenga y firmado por éste, dado que de ser un presupuesto

sin este requisito, será desconocido y carecera de validez en juicio.
Lo ideal sería llevar un perito entendido para descubrir si existen estos vicios en la propiedad a comprar, lo cual no es lo usual como ya sabemos.
Además la ventaja es que certificado todo por el escribano que intervenga ya no merece discusión posterior en juicio tales pruebas (fotos, presupuestos y diagnóstico de la inspección que hiciera el arquitecto) y podemos proceder a la reparación y disfrutar luego de nuestra casa: alquilarla o habitarla como corresponde, solo que habiendo plata de nuestro bolsillo. De la otra manera, deberemos esperar que las cosas se resuelvan con el responsable y convivir con el vicio, lo que no es muy grato.

**Como se resuelve?**

Percibido el vicio oculto dentro de los 60 días, la cuestión será sometida a Mediación (ley 24573 para las cuestiones dentro de la Capital Federal), o juicio si se trata de una provincia sin mediación, donde un abogado preparado en Mediación nos recibira junto con los responsables y sus letrados a fin de resolverlo sin arribar a juicio.
En la mayoría de los casos, los reclamos bien fundados, esto implica bien probados, sobre vicios ocultos son solucionados en la etapa de mediación

previa. Cuando un vendedor, fabricante, empresa constructora o profesional comprende desde el primer momento cuáles son las pruebas y los argumentos de que dispone el damnificado, intentará evitar el litigio.

En los casos que llegan a la Justicia también existen buenas probabilidades, por cuanto nuestros jueces están defendiendo correctamente a los damnificados, basando sus sentencias en la buena fe que debe presidir los contratos y en las garantías que deben acompañar toda venta, colocación y utilización de materiales destinados a usos constructivos o de diseño. No olvidemos que nuestros magistrados también son consumidores y también viven con vicios ocultos.

De todas maneras lo mejor no es arribar a una contienda judicial donde todos corremos el riesgo jurídico eventual de perder alguna prueba, algún testigo o algún plazo o bien que el perito o plomero no se presente a declarar, por lo que estando bien asesorados y sabiendo lo que nos corresponde, lo mejor en conformarnos con un 80% de lo que nos corresponde que arriesgarnos a litigar dos o tres años en tribunales.

## 26. SEGURO INTEGRAL DE COMERCIO

Los seguros para comercios, oficinas y Pymes no son ni más ni menos, que proteger nuestro capital de trabajo de eventuales siniestros y en gral se ajusta a las necesidades específicas del comercio, asegurando al contratante la posibilidad de continuar con su tarea ante imprevistos no deseados, ya que no será igual una joyería, de un bingo, de un restaurante.
Muchos consultan y aclaro que cuando contratamos a través de un banco la cobertura, este se convierte en *el agente institorio*, es decir, quien intermedia para la contratación, pero la póliza se tomará con la Cía de seguros que haya detrás.
Dependerá entonces de la compañía de seguros contratada, pero en gral, cubrirá los daños materiales, es decir **Incendio de edificio y contenido**, rayo, explosión, daños materiales por tumulto popular, vandalismo, malevolencia, huelga y lock-out, impacto de aeronave y/o vehículos terrestres y daños por humo (acorde a lo que hayamos solicitado en la póliza, ya que fuera de ello no cubrirá), **Robo Contenido en General, Valores en caja,** Ej. Cheques al portador, y cupones de tarjetas de crédito (en horario de trabajo) **Valores en Tránsito** (cuando por ejemplo se deba transportar dinero, o valores de un lugar a otro, Ej., joyería o bingo), y a su vez los **cristales** que se rompan para llevar a cabo tal

siniestro (más los gastos de colocación del mismo). Los **Daños por Agua del Contenido**, los **accidentes personales** (por Ej. la muerte accidental y la incapacidad parcial y/o total permanente accidental del empleado exclusivamente dentro del restaurante y en su horario de trabajo así como fuera del restaurante durante el trayecto de ida y vuelta al establecimiento), **Responsabilidad Civil Comprensiva** (Mantiene indemne al asegurado por cuanto deba a un tercero en razón de responsabilidad civil extra contractual, como consecuencia de su actividad, por Ej., si algún cliente sufre un daño dentro de su propiedad)

Cuando hablamos de contenido, hablamos de seguro técnico, es decir, equipos de computación, cajas registradoras electrónicas, centrales telefónicas, y equipos de enseñanza en ciertos casos.

Se entiende incluida la Remoción de escombros y/o gastos de limpieza, Incorporación automática de bienes, Gastos extras, etc

Muchos ofrecen asistencia **sin cargo en:** cerrajería, vidriería y vigilancia.

**Las Condiciones mínimas de seguridad requeridas:**

Construcción de hormigón armado y/o estructuras metálicas.

Techos sólidos de hormigón armado, estructuras metálicas y zinc.
Paredes de mampostería de ladrillos y/u otros elementos incombustibles.
No lindar con terrenos baldíos, obras en construcción y/o edificios abandonados.
Instalación eléctrica en buenas condiciones.
Matafuegos reglamentarios operables con sus cargas actualizadas.
Todas las puertas de acceso al local o a patios internos deberán contar con cerraduras doble paleta o similar condición de seguridad.
Todas las vidrieras, y/o puertas con el panel de vidrio se encontrarán protegidas con cortinas metálicas de mallas o enterizas y/o rejas metálicas.
Las puertas de escape deberán tener cerraduras de seguridad o candados inviolables.

El inspector enviado por la Cia., una vez contratado el seguro., revisará las medidas de seguridad requeridas, las características del comercio, oficina, fábrica o Pyme a fin de elevárselo a la Cía. para que en base a esto confeccionen la póliza que se enviará días después al domicilio que designemos

ACONSEJO incluir el pago del seguro por débito automático, ya que estando fuera de fecha el pago o vencido y ocurrido el siniestro la Cia no abonará.

Es importante leer con claridad, y a veces asesorado antes y después de contratar, para tener la seguridad que la póliza se confeccionó como solicitamos y con lo que solicitamos, ya que al momento del siniestro, valdrá lo que allí figure, no lo que se habló con quien nos atendiera telefónicamente, por Ej.

## 27. ALQUILAR UNA PROPIEDAD O COMERCIO

El contrato de alquiler suele ser un contrato que trae inconvenientes, tanto para inquilino como para locador, como a veces para el garante, aunque no en todos los casos, pero todos conocemos historias de alguien a quien le embargaron la casa por ser garante de su hijo o sobrino, a quien le destrozaron el depto inquilinos mal habidos, de quien estuvo años peleando por desalojar a otros inquilinos, o bien locadores obsesivos o abusivos a la hora de renovar el bendito contrato.

Los contratos de alquiler de vivienda son por dos años y los comerciales también, desde la modificación del código en 2015, con la posibilidad de rescindir a los 6 meses sin pagar indemnización, pero quedándose el locador con lo abonado en concepto de depósito, por el perjuicio que le causa terminar un contrato antes de lo previsto originalmente.

Contratar por menos o más tiempo del previsto es inválido, es decir, se tendrá por celebrado por los mínimos y máximos legales ( 2 mínimo y 20 o 50 máximo según de que tipo se hable), más allá del convenio entre las partes. Lo que ocurre generalmente es que se hacen por menos tiempo, y las consultas que le hacen al abogado es si lo renuevan, si pueden aumentarle y demás, cuando lo que no se sabe es que ese contrato que hicieron nacer por un año, tiene dos años de vida, y no lo que las partes quisieron pactar.

**Que pasa si el inquilino no paga?**

En el mismo contrato donde se fija el plazo, se fija que no podrá dejar de pagar por más de dos meses, en caso de que ocurra, quedará rescindido el contrato, es decir, terminado y el inquilino deberá desalojarlo, problema que también surge al no ocurrir, instalarse esté allí por un tiempo gratuitamente, mientras que el locador deberá iniciar un juicio para lo cual deberá invertir tiempo, plata y desventuras, y que solo especulando con lo que durará el mismo, el inquilino vivirá allí gratuitamente.

Por esto es que se firma junto con el contrato, aunque con fecha posterior, en la mayoría de los casos, el **Convenio de Desocupación**, donde este se compromete a desocupar llegada la fecha o antes, dadas estas circunstancias, lo que acelera el posterior desalojo.

Están prohibidas todo tipo de reformas en la propiedad, ya sea particular o comercial, sin antes tener el consentimiento (más vale por escrito) del dueño o locador, dado que en algunos casos no estarán de acuerdo y habrá que volver atrás, y en otros mejores, pagarán toda esa mejora o renovación, o la mitad de la misma, dado que una vez retirados los inquilinos el locador se beneficiara con tal mejora que le quedara

Que pasa si al tiempo de vivir aparecen manchas de humedad, filtraciones o cualquier defecto que no vi al alquilar? Pues deberé reclamarlo como vicio de la propiedad y el locador deberá abonarlo o bien esto podrá dar lugar a la rescisión del contrato. El tiempo para reclamar son 3 años desde que percibió el vicio (ver capitulo 25)

Que pasa si subalquilo el inmueble, comercio o casa a otro, es decir, me voy de viaje o me conviene alquilar una habitación aparte, o bien me alquilan por $ 3000 y yo subalquilo por $4000, se puede hacer? si se hace saber de esa publicación dueño de la propiedad da su autorización, o bien luego de 10 días no responde, se tendrá por autorizado ese subalquiler.

Que pasa cuando quien ocupa el lugar hace destrozos en el mismo? Muchos tenemos la experiencia del parquet levantado, las paredes sucias, el papel de las mismas deshecho o bien, los caños salidos de su lugar, muchas cosas con el fin de dañar. Esto deberá ser indemnizado al locador, dado que no surge del "normal uso de las cosas", razón por la que se pide depósito al inicio, garantía y referencias comerciales (veraz, etc.) y de titularidad, de quien alquilara para no sufrir estos inconvenientes.

Existe un plazo máximo de alquiler? Si, el de 20 años, y 50 años para otro tipo de propiedades, y como en el mínimo, pactar por más tiempo implicara que se tiene convenido por 20/50.

Puedo exigir que me renueven el contrato? No, se convendrá entre ambas partes, pero el locador no tiene obligación de aceptar, así como tampoco podrá desalojar al inquilino por causa alguna antes de los dos años. De decidir hacerlo se formalizará un nuevo contrato con nueva fecha.

Porque es tanto trastorno convertirse en garante? El garante es quien da fe de que el inquilino pagará, por lo que cree firmemente en él desde el momento que acepta tal carga. Mientras que para el locador, será una segunda cuerda de donde agarrarse si el primero, es decir, el inquilino, falla. Cuando se escucha por ahí "me embargaron la casa por ser garante", lo que ocurrió es que luego de recurrir insistentemente y ya en juicio y con sentencia contra el inquilino, este no puede pagar, no tiene sueldo, ni cuenta bancaria, ni trabajo evidentemente, ni siquiera a veces voluntad de pago, por lo que se va contra la garantía, esos pobres confiados a los que terminaron traicionando. No esta todo perdido para ellos dado que podrán reclamar posteriormente por tal "traición" contra el "inquilino" que ya no lo es, siempre y cuando posea algo para embargarle, sino no habrá forma de cobrar, no?

Lo ideal, antes de dar en alquiler una propiedad, es interesante verificar la garantía, y pedir un Veraz tanto del futuro locatario como del garante, aunque si bien, nunca se sabe, es una manera de estar cubiertos

Otro tema es el valor del alquiler, en un país donde está prohibida cualquier cláusula de indexación, por lo que en general se pacta renegociar el contrato cada 6 meses (se incluye como cláusula) o bien fijar alquileres escalonados, es decir, los primeros seis meses este valor, los próximos seis meses otro valor y así, según el acuerdo al que lleguen las partes. Si llegada la negociación, no se ponen de acuerdo,

entonces el contrato podrá terminarse sin derecho a indemnización por ninguna de las dos partes.
Siempre es interesante poder hacer el Contrato a través de Abogado, y no los que otorgan las inmobiliarias, dado que son formularios pro forma, que no se adaptan a cada uno, con las particularidades propias, sino más bien son generales, quedando fuera algunas características fundamentales.

Para los alquileres de temporada en Countries, Quintas o en la Playa, también se conviene por tiempo determinado o bien por temporada, y estos no se encuentran como los de vivienda permanente afectados por el mínimo de 2 años, sino que será por el tiempo establecido, dado la condición de ser de veraneo.
Recuerde que el inmueble le debe ser entregado con los pagos al día (impuestos, servicios, expensas). El pago del precio mensual del alquiler por lo general se efectúa por adelantado. Es usual, en caso de vivienda o comercio permanente, que el dueño solicite que ud en tiempo equis ponga tales impuestos a nombre suyo (luz, teléfono, cable)y esto es bien lógico, de hecho, todos los locadores debieran hacerlo, porque en caso de no pagar, los organismos tales como Edenor o Telefónica, perseguirán para el cobro al titular de tal servicio y

no le importara el contrato firmado con el inquilino, y la única manera de no tener que pagar tal deuda, será este consejo de que los inquilinos entonces, coloquen los servicios a nombre de ellos hasta que finalice el contrato.
Tome todos los recaudos que estime necesarios al momento de cobrar el precio de su inmueble. Realice la operación en un ambiente suficientemente seguro. Verifique, de ser posible, la legitimidad de los billetes utilizados. Si se traslada con el dinero hágalo debidamente acompañado y por medios de transporte seguros, etc. Recuerde que usted está realizando un negocio jurídico con un bien registrable. Procure el asesoramiento legal adecuado.

## 28. LAS INMOBILIARIAS SON INMOBILIARIAS

Desmitificando -como siempre es mi idea-, y en razón de la cantidad de consultas sobre el tema, les cuento que las inmobiliarias, y no es mi intención hablar mal de ellas, son inmobiliarias, que quiero decir con esto?
Son intermediarios para comprar, para vender, para locar, para intervenir en una serie de actos absolutamente lícitos y legítimos ligados al campo

de los inmuebles, que tienen por fin encontrar a quien busca y a quien quiere que su inmueble sea puesto en el mercado para una rentabilidad específica.
El tema surge cuando el locador, luego de cobrada la correcta comisión y demás, gozando del contrato de alquiler de un depto en Capital, por ejemplo, constata por Ej. que las cláusulas no lo favorecen del todo. O cuando las expensas aumentaron o cuando el locador se da cuenta que el locatario no era buena persona y no está pagando lo prometido o no se quiere ir, o bien cuando surge cualquier cuestión relacionada más que nada a la *no* intervención de la inmobiliaria
Los contratos, como digo siempre, deben ser hechos por abogados, y los abogados propios, no los ajenos o los de la otra parte, por qué? Porque entonces serán velando, -lógicamente- el interés ajeno, y las inmobiliarias, si bien son objetivas, muchas veces trabajan con contratos Estándar que no se adecuan a las particulares características de su propiedad.
Si acordé que el inquilino pagaría el total del alquiler por adelantado, no puede decir otra cosa en el contrato (por Ej. que pagará por mes) y dejar de patalear, *porque el contrato lo hizo la inmobiliaria.*
Lo correcto sería que se verificará por un abogado lo que se va a firmar ( antes), porque lo que me ahorre en la confección de este contrato, lo pagaré de más

al momento de contratar a un abogado para que me saque del brete del que no podré salir, ya que al firmar, de alguna manera me "esposo" a ciertas cláusulas que con mi firma avalo y no puedo cambiar en el transcurso del mismo

*Que pasa si el garante vende la propiedad en garantía? La inmobiliaria puede hacer algo?, porque no miró la inmobiliaria que quien me alquila tuviera antecedentes crediticios confiables? No constató? Porque? El contrato se hizo por un año y el locatario se queda mas tiempo, por que la inmobiliaria no se lo impide? Esta bien que vuelva a cobrarme comisión la inmobiliaria al renovar el alquiler? Puede la inmobiliaria velar y cobrar por el caño roto?*

Estas son las preguntas que escucho a diario. Las inmobiliarias son un negocio estupendo, y muchas trabajan de maravilla, pero el tema, el *quid* no es ese, sino el hecho de que fuera de inmobiliarias y abogados, pocos parecen comprender que su función no se extiende hasta donde la gente cree.

La inmobiliaria, si se fijaron, **no figura ni en el contrato** de alquiler, ni en el de venta, ni en ninguno, salvo, en el que se conviene la seña o comisión CON ella, y hasta ahí llegó...muchas veces redactan contratos y cobran alquileres...y piden informes al registro, al veraz para saber más de la propiedad o el que comprara o alquilará...pero no

pueden hacerse responsables, y no es su función, de la calidad de inquilino, porque este no pague, porque arregle tal o cual cosa, no puede abogar por Ud en una negociación, ni tantas cosas que no tienen por que hacer, porque no les corresponde...
Hacen el nexo entre los interesados, y está muy bien, pero hasta ahí, no son responsables, ni parte en el acto de venta o locación, es claro? Lo que hacen mas alla de eso, más allá de lo que marca la ley, es pura gentileza hacia el cliente, que bien se lo ganó.

## 29. Vivo en esta casa hace tiempo...puedo reclamarla como propia??

## USUCAPIÓN O ADQUIRIR UNA PROPIEDAD POR EL PASO DEL TIEMPO:

Pocos saben que significa la palabra "Usucapión", que tiene más que ver con el derecho romano que con el léxico que manejamos hoy. Usucapión es la institución del derecho civil por la que quien poseyó un terreno, una casa o un departamento durante cierto tiempo establecido por la ley, se le premia haciéndolo dueño de esta. La pregunta es Por que?
No será el caso del usurpador, no es el caso de quien se mete a una casa y allí se queda, no es el caso del inquilino eterno, no. Es el caso de quien luego de

haber tenido "ánimo de poseer" (animus domini) la misma, cierto tiempo, y la ha cuidado y tratado como propia, ha quedado a las claras revelado su íntimo deseo de poseerla.

Para esto entonces, se valorará, a través del juicio de Usucapión, que ha hecho esta persona para merecer que se le otorgue tal carácter de propietario sobre la misma.

El juicio tramitará en el lugar y ante los tribunales donde esté ubicado el inmueble, será iniciado por el interesado, y la prueba requerida será: **testigos**, (aunque esta única prueba no será suficiente), según el Cód.Civil. Los mismos deberán dar fe de haber visto habitando tal inmueble del tiempo que la ley marca, y todo lo que pueda agregar en relación a lo que esta persona ha efectuado en el mismo.

Esto se traduce en: **Mejoras**. Es decir, en que he mejorado ese terreno o esa casa desde que vivo allí? Lo cerqué por ejemplo, cuando no tenía cerco. Le hice llegar la conexión de gas o cloaca, cuando no había llegado aún y no se había acercado hasta el mismo? Derrumbé o construí alguna pared en su beneficio? Tenía graves problemas de humedad y ya no tiene? Todo eso demostrará cómo el **ánimo de poseer** contribuyó a la propiedad, por lo que acompañando las facturas de tales "mejoras", (recibo de compra de medidores, factura por honorarios de electricista, arquitecto, etc.) si las

mismas son membretadas muchísimo mejor, a fin de que el juez se sirva de estas también de prueba.
Asimismo y prueba sumamente relevante será **el pago de todos los impuestos y/o tasas y/o servicios desde el inicio de mi posesión**. Si no se las tiene encima (por el transcurso del tiempo), pero se encuentran pagas, se pedirá en el expediente por Oficio a Rentas o la Municipalidad correspondiente, que informe de su pago y fecha del mismo, aunque hacer trampa sería pagar con retroactividad para salvar los años, cuestión que no favorecería mi "ánimo posesorio", sino más bien, mi "ánimo posesorio a cualquier costo" y esto será prueba en contra, porque pagar hoy diez años para atrás, no probara que estoy en el inmueble desde hace 10 años, sino que quiero simular esto, y la sentencia será desfavorable.
Cual es el tiempo que debe transcurrir según la ley para que se me considere apto para **USUCAPIR**, es decir, para ser propietario?

1) Serán **20 años** continuos sin que nadie -con legitimación- reclame la propiedad (es decir, los verdaderos o presuntos dueños) Este ocupante o futuro propietario, próximo a usucapir, es considerado, y (esto es solo un término) **POSEEDOR DE MALA FE**, entendiendo fe buena o mala en razón del título que puedan mostrar como ocupantes en relación al inmueble que se reclama.

Tiene boleto? Tiene escritura? Será entonces un poseedor de mala fe, y necesitará dejar pasar 20 años hasta iniciar el juicio.

2) Si tiene el título será **POSEEDOR DE BUENA FE**, y esto no lo hará mejor persona, sino que tendrá algún documento (aun cuando no sea válido) y esto es muy común, más en zonas suburbanas, donde "Doña María" se fue al Registro de la Propiedad, vio terrenos vacíos desde hacía años, y comenzó a repartirle a los vecinos (a muy bajo precio) los mismos con escrituras hechas en su cocina...

Cuando estos quieren vender, se encuentran con este escollo de que no es válida, y ya Doña María se fue o se murió, y todos los vecinos beneficiados otrora, hoy se encuentran en una misma situación, perjudicados, hasta que se enteran que pueden validar su situación por juicio de Usucapión. Cuanto tiempo necesitaran? **10 años.-**

Una vez lo anterior, habrá que convencer al juez que nos toque, quien recordemos, será el único que nos podrá hacer propietarios con su sentencia, nadie más.

Digamos también que el verdadero propietario, de existir y ser ubicable (es decir, tener domicilio donde se notifique) se presentará en juicio, y también será posible que inicie el **juicio de Reivindicación** de su propiedad, antes de que se manifieste el paso de los años requeridos y el inicio de la Usucapión, aunque quien se desligó materialmente de ese inmueble 20 años, es raro se acuerde reclamarlo y menos iniciar un juicio, con los costos y la burocracia que implica, para recuperarlo.

## 30. CONVIVIR EN PROPIEDAD HORIZONTAL : que debo saber?

Sabemos que nadie cuando compra o visita un departamento para alquilar o comprar verifica si realmente es para vivienda o apto profesional, tampoco cuántos departamentos hay, (que con solo ver el portero nos daríamos cuenta), ni si el administrador es eficiente, si las expensas son como nos contó la inmobiliaria, si hay morosos por expensas, si hay incobrables o cuantas unidades están ocupadas o no, en síntesis, nadie pide el reglamento de copropiedad para leerlo ni siquiera la liquidación de las últimos tres recibos de expensas, fundamental, además de la vista de la Unidad funcional y el estado de la pintura... Ni hablar si alquilo o compro el local que esta en PB a la calle de ese edificio en PH, y no uso el ascensor, y debo pagar por su reparación, y montón de cosas, como

por ej. el porcentaje de expensas a pagar según el Reglamento, con relación al local.
Es claro entonces que en la propiedad horizontal todas las decisiones concernientes a las partes comunes se toman a través de una entidad denominada "**consorcio de propietarios**", que es el conjunto de todos los propietarios del edificio. El modo en el cual este consorcio opera se establece a través de un "reglamento de copropiedad y administración". Por el contrario, las decisiones que conciernen a las partes propias las toman los propietarios individualmente, si bien las mismas están sujetas a ciertas restricciones basadas en las normas generales de derecho civil y están limitadas por ciertos derechos específicos otorgados al consorcio de propietarios.

Se calcula que sólo en Buenos Aires y el conurbano existen más de cien mil edificios sometidos al régimen de propiedad horizontal y que además se trata de un sector de la sociedad muy problematizado, descuidado por la legislación y también por la educación. La única ley orgánica **que regula la PH es la 13.512 del año 1948.**
El Consorcio de Propietarios es una sociedad sin fines de lucro, y que como sociedad no vende ningún producto. Todo lo que se produce lo consumen los propietarios, compra y contrae

obligaciones con terceros, que de no cumplirse afectan a todos los propietarios en forma proporcional. Cuenta con equipos e instalaciones, además consume insumos, contrata personal operativo y nombra representantes. ***Todo esto con un único fin, asegurar la mejor calidad de vida para el consorcio.***

En la propiedad horizontal cada propietario es dueño "dominus", "señor" absoluto de su departamento o local, pero a la vez es condómino, co-propietario con otros de cosas tales como terreno, pasillos, escaleras, terrazas, medianeras, ascensores, etc.

Para vivir en Propiedad Horizontal, son necesarios ciertos conocimientos previos, así como también la aceptación de determinadas condiciones. No todo está permitido. Hay quienes creen que el título de propiedad de una Unidad Funcional, es la autorización para actuar con libertad, tanto dentro de los ambientes de su departamento como en los espacios comunes del Edificio.

Así surge uno de los principales problemas de quienes habitan bajo el Régimen de Propiedad Horizontal, la **Convivencia**. A esto le sumamos los inconvenientes con el **Mantenimiento Estructural del Edificio**: Cañerías con pérdidas, Ascensor que funciona en días pares, etc. Ineficiencia de los Contratistas. Elevado precio de las Reparaciones. Incumplimiento del Personal de Limpieza o Encargado del Edificio, y tenemos un dolor de cabeza difícil de terminar...

**Los consorcistas:**

Cuántos propietarios saben, por ejemplo, que cuando compran un departamento o un local de comercio sometido al régimen de Propiedad Horizontal, no solamente pasan a ser propietarios de su unidad sino que además, pasan a formar parte de una especie rara de sociedad con una multitud de consorcistas a quienes no conoce? demás, con socios que van y vienen, que no son siempre los mismos, que venden y se van y otros nuevos que llegan y él no los conoce porque nadie se los presenta. Cuando se encuentra en el ascensor con alguno de ellos, a veces no sabe bien si es un nuevo vecino o un ladrón.

Además, cuántos propietarios de unidades en PH saben que esa relación con los demás propietarios o consorcistas está regida por un contrato llamado "**Reglamento de Copropiedad y Administración**" redactado no por ellos sino por el dueño original del terreno o de la obra.

No sé si se habrán dado cuenta (sobre todo durante las horribles y extenuantes asambleas) que la gente habla mucho pero raramente conceptualiza. De modo que las discusiones en casi todos los ámbitos, desde el familiar hasta el político, son series de parlamentos que van y vienen y no se encuentran. No se sacan conclusiones. Quiere decir que cada uno sigue pensando como pensaba.

Hay asambleas de propietarios que terminan como comenzaron y la gente se va más desorientada que cuando comenzó. Es por eso que poca gente quiere ir a las asambleas. Porque el administrador o quien la preside, generalmente no sabe cómo encauzar un diálogo. Y entonces parece una especie de director de tránsito donde cada uno habla por su cuenta.

Sin embargo debiera ser un espacio para hablar, sacar conclusiones, resolver si el administrador es removido, si está haciendo las cosas bien, si hay un nuevo consorcista, si el de al lado tiene una mascota cuando no debía, si algún depto se destina a (como me ha pasado) fines "non santos", si se debe pintar la pared con humedad del hall y si González se puso al día con las expensas. Todo quedará registrado en las Actas de Asamblea (con día, hora, y firma de cada uno de los presente, con relato de lo que se habló y resolvió), y se tomará decisión en función de tales mayorías (quórum).

Dos son las autoridades en un Consorcio: En primer lugar, la reunión de propietarios en *asambleas*, las que pueden ser ordinarias y extraordinarias. En segundo lugar, el *administrador*, llamado también representante de los propietarios por la ley. Este tiene la representación del consorcio frente a terceros y la ley y los reglamentos le imponen ciertas obligaciones como la de recaudar expensas conforme al valor de cada unidad, sacar un seguro contra incendio, llevar tres libros reglamentarios y realizar toda una serie de cargas inherentes a la administración del edificio.

| **Reglas de buena convivencia:** |
|---|
| Respetar en un todo a la Ley de Propiedad Horizontal Nro. 13.512 y al Reglamento de Copropiedad y Administración del Edificio. |
| Conformar un Consejo de Administración que actúe como nexo entre los Copropietarios y la Administración, controlándola en sus obligaciones. |
| Realizar Reuniones periódicas con todos los Copropietarios (como mínimo 3 veces al año) y con el Consejo de Administración (una vez al mes). |
| Cumplir con todas las Ordenanzas Municipales, Obligaciones Previsionales y Sociales y Normas de Seguridad. |
| Efectuar Liquidaciones Mensuales con la mayor claridad posible, pudiendo interpretar y conocer el estado económico con su simple lectura. |
| Controlar la Morosidad. Cumpliendo con los plazos que estipule el Reglamento de Copropiedad, intimando a los deudores Extrajudicialmente y de ser necesarios Judicialmente. |
| Notificar mediante circulares informativas con recomendaciones sobre convivencia y temas de importancia del Edificio. |

| Visitas periódicas al Edificio para controlar el funcionamiento y tomar contacto con las novedades ocurridas. |
|---|

**El Administrador:**

El administrador está unido a los propietarios por un ***mandato***, al igual que quien concurre a las asambleas por un propietario ausente, también está unido por un mandato. El mandante le encarga al mandatario hacer tal o cual cosa en su nombre y representación.

Quienes pretenden administrar deben saber que esa tarea adquiere día a día mayor importancia y requiere de cierta especialización y de ninguna manera debería fomentarse la autoadministración. Si es que ésta es decidida libremente por los propietarios el derecho de propiedad implica también el derecho a administrar los bienes que se poseen en copropiedad. Pero la experiencia demuestra, que a veces cuesta mucho menos desplazar a un mal administrador de su cargo que a un "grupo" constituído por propietarios. Es por eso que también es necesaria la capacitación del administrador y hasta su colegiación, según muchos creemos, además de anotarse en el registro correspondiente.

Una de las principales tareas del administrador es recaudar expensas para proveer al mantenimiento del edificio. Debemos saber que nuestro código procesal considera que los certificados de deudas por expensas expedidos por los administradores en condiciones reglamentarias, tienen fuerza ejecutiva. ¿Qué quiere decir esto? Que en caso de que un propietario no pague en término sus expensas, el administrador podrá certificar esa deuda y solicitar su ejecución judicial en condiciones similares a cómo se ejecuta un pagaré o un cheque. Es decir, mediante un trámite abreviado que se llama "juicio ejecutivo".

Es bueno recordarles a quienes de alguna manera u otra se involucran en la tarea de administrar consorcios, que quien maneja dinero de terceros está obligado a llevar sus cuentas con extrema transparencia y honestidad y que el código penal establece ciertos delitos dentro de la figura genérica de la defraudación (arts. 172 y 173) que podrían corresponder al administrador infiel.
Obrara con culpa quien obra mal pero sin intención de dañar. Y obrará con dolo quien obra mal pero con expresa intención de dañar. Por eso, sobre la ausencia o existencia de ese elemento puede decirse que existen conductas culposas y dolosas de ciertos administradores

**Obligaciones del administrador:**

- Si el administrador ha iniciado trámites administrativos, policiales, municipales, judiciales en nombre y representación del consorcio, deberá informar detalladamente por qué causa o motivo, contra quién o en respuesta a quién.

- Cuáles fueron las sumas que ingresan o egresan al consorcio, si es por capital histórico o se aplican intereses, qué tipo de tasa de interés o en su defecto si se han celebrado contratos (por ejemplo de locación de servicios (obras, arreglos en general, etc.), publicidad por la medianera, o por instalación de antenas o repetidoras, o radares de distinta naturaleza, etc.), pudiendo solicitar que se le entreguen ejemplares de contratos o documentación que resulten necesarios.

Si estos actos celebrados por el administrador no resultaran claros, Ud. tiene el derecho a pedir la rendición de cuentas todas las veces que considere necesarias.
Estas y muchas más son las cuestiones que se deben considerar a la hora de abonar nuestras expensas, y mantener una convivencia cordial entre el Consorcio de Propietarios, el Consejo Interno y el

Administrador, en salvaguarda de los sagrados intereses de nuestras familias.

**El reglamento de copropiedad y administración:**

El reglamento de copropiedad y administración es considerado **un contrato de adhesión**. Contrato de adhesión es aquél en el cual, aunque firmado por varias partes, sólo una interviene en la redacción de sus cláusulas, y los demás no intervienen en su redacción, solo se pliegan con su firma. Al comprar una unidad el propietario acepta las disposiciones de ese reglamento y es como si lo hubiera firmado. (Ej. Al subir a un colectivo y pagar el boleto, estamos celebrando un contrato con la empresa de transportes, pero en realidad no podemos discutir sus condiciones. Tarjeta de Crédito, firmamos con el banco un contrato de adhesión)

Al reglamento de copropiedad y administración se lo debe distinguir del reglamento interno. La diferencia es que el primero es anterior a las ventas de las unidades. Como dijimos, el dueño del edificio original no puede vender fraccionado sin redactar primero ese reglamento de copropiedad y administración. Y debe hacerlo siempre por escritura pública e inscribirlo en el Registro de la

Propiedad . En cambio, el reglamento interno es el que se dan (en forma facultativa y no obligatoria) los propietarios en asamblea y como sólo tiene valor entre ellos y no respecto de terceros no es necesario que sea efectuado por escritura pública.

**Que son los "Consejos de Administración?"**

No figuran en ninguna ley y son creaciones más o menos eficaces de ciertos reglamentos o de ciertas asambleas. De hecho carecen de facultades para disponer y sirven para controlar la administración en la medida en que el administrador se los permite y de servir de vínculo entre éste y la masa de propietarios. Puede decirse que son "consejos" con "S" y no con "C". (No deriva esa palabra de "concilio" sino del verbo "aconsejar") Es decir, **no deliberan sino que sólo aconsejan, no ejecutan nada.**

Casi todos los problemas que acusan a los consorcios provienen de que el control de la gestión es realizado únicamente por la asamblea. Atento la especial forma jurídica que tiene la propiedad horizontal en nuestro país, salvo el caso de que el administrador haya cometido algún delito, **el juez no atenderá reclamos de consorcistas individuales, debiendo éstos "agotar primero la vía consorcial", reuniéndose en asambleas en las condiciones que fija aquél**

**reglamento redactado por el constructor o primer dueño del edificio.**

El reunirse en asambleas, que era una tarea relativamente fácil en el año en que nació la ley (porque había pocos edificios muy grandes en 1948) hoy, con torres y complejos habitacionales de grandes dimensiones resulta muchas veces imposible.

El consejo de administración de un edificio es un órgano de control, nexo entre el administrador y los propietarios, siendo su función controlar al administrador.

**Que hago si me parece que los gastos en el consorcio son excesivos?**

Lo ideal es concurrir a las asambleas o sea usted mismo integrante del consejo de administración. De esta controlar al administrador y sus gastos y, dentro del consejo, tendrá la posibilidad de proponer los arreglos que crea más convenientes para la solución de los problemas del edificio.

**Cómo se crea el reglamento interno en un edificio, cuando la administración no posee copia o dice que no existe ?**

En ese caso habría que armar un modelo de reglamento interno (que no contradiga al

reglamento de copropiedad), someterlo a la decisión de la asamblea y aprobarlo de acuerdo a la mayoría, que a esos efectos establece el reglamento de copropiedad. Para obtener un modelo, se puede contactarse con la Cámara Argentina de la Propiedad
Horizontal

***Que pasa si se levanta el piso de mi departamento? Debe hacerse cargo el consorcio?***

El art.5 de la ley dice que cada propietario debe atender los gastos de conservación y reparación de su piso o departamento. La cubierta dañada es propia y sola de su unidad y no parte común, por lo tanto, debe hacerse cargo de la reparación el dueño o inquilino de tal unidad.

**¿Cómo denuncio los ruidos molestos?**

La Ley 13.512 prevé esta circunstancia en su artículo sexto, donde dice que: "Queda prohibido a cada propietario y ocupante de los departamentos o pisos:

a) Destinarlos a usos contrarios a la moral o buenas costumbres o a fines distintos a los previstos en el reglamento de copropiedad y administración;

b) Perturbar con ruidos, o de cualquier otra manera, la tranquilidad de los vecinos, ejercer actividades que comprometan la seguridad del inmueble, o depositar mercaderías peligrosas o perjudiciales para el edificio".

Cualquiera de los dos párrafos puede ser utilizado en contra de los revoltosos para llamarlos al decoro y la compostura.

Por su parte, el Código Civil establece en su artículo 2.618 límites a la emisión de ruidos, en cuyo caso "no deben exceder la normal tolerancia, teniendo en cuenta las condiciones del lugar y aunque mediare autorización administrativa para aquellas".

**¿Conviene hacer la denuncia policial por ruidos molestos?**

No es lo mejor, se desaconseja, preferible recurrir a la mediación. En la Ciudad de Buenos Aires, los centros de gestión y participación (CGP) tienen instancias de mediación para acercar a los vecinos confrontados y llegar a un arreglo.

Si la posibilidad de conversar está descartada, y se enviaron las cartas documento de rigor para intimarlos a terminar con las molestias, queda entonces abierta la opción de la acción judicial, siendo la más viable la vía rápida del **amparo,** en la que se solicitará al juez que dicte las medidas necesarias para poner fin a los excesivos ruidos.

**La Cámara Argentina de la Propiedad Horizontal** puede resolverles cualquier duda

## 31. BARRIOS CERRADOS, COUNTRIES Y CLUBES DE CAMPO. ENCUADRE LEGAL:

Nadie descarta al comprar una casa o un lote en un country o barrio cerrado o incluso en un club de campo, que la casa será propia y de nadie más, de hecho solo nosotros decidimos cuántos ambientes y la decoración que tendrá. La problemática se plantea desde el punto de vista del encuadre jurídico.

**Que es un Club de Campo?** es el complejo recreativo residencial emplazado generalmente en áreas suburbanas, que incluye lotes construidos o a construir, totalmente independientes entre sí, con entrada común al complejo que se halla delimitado. Cuenta además, con sectores destinados a actividades de índole social, deportiva y cultural, presentándose los lotes y sus edificaciones y estos sectores en relación inescindibles y provistos de

servicios de seguridad, mantenimiento, jardinería, limpieza, administración, etc.-
Generalmente esta zona de esparcimiento, con verde y disfrute diario o de fin de semana se halla cerca o lejos de nuestra residencia habitual pero dentro de la Pcia. de Buenos Aires, es decir, fuera de la Capital. Es así como la provincia de Bs.As., mediante el decreto 2489/63 (modificatorios del 16440/50, 5400/58, 1636/61 y 9404/86) **encuadra a los Clubes de Campo dentro del Régimen de la Ley 13512, de propiedad horizontal**, algo así como un edificio de departamentos o un complejo de dúplex en la ciudad, de hecho es la misma ley que regula a ambos. En estos emprendimientos las calles serían «pasillos» (áreas comunes descubiertas). La misma Corte Suprema de Justicia de la Nación, en el conocido caso C.U.B.A., falló dictaminando que el derecho a la seguridad de los moradores de un Barrio es un **derecho constitucional.** Tratando de encontrar solución para los emprendimientos preexistentes con calles públicas parecería que no cabe pensarse en otra solución que no sea la compra de las calles para convertir al emprendimiento en un «Barrio Privado». Sobre este particular debe analizarse las facultades legales que tienen los municipios para resolver la cuestión, y tenerse muy en cuenta que en estos supuestos la

compra de las calles no es a título de compra o incremento patrimonial, sino que se trata de la adquisición del dominio para privatizar las vías de circulación interna de un emprendimiento que deberán continuar con ese mismo «destino de calles». No es lo mismo la compra de una calle por parte de un frentista para ampliar y extender su propiedad que la compra para complementar un emprendimiento urbanístico y asimilarlo a los Barrios Cerrados conforme la regulación del Decreto 27/98 .-
Es claro entonces que una entidad jurídica (llámese sociedad) que integren o a la que se incorporen los propietarios de cada parcela con destino residencial será titular del dominio de las áreas recreativas o de esparcimiento y responsable de la prestación de los servicios generales, por tanto quien será dueña y deberá mantener y ocuparse de pileta, housing, sala de eventos, canchas, etc. Podrá optarse por mantener en el dominio privado las áreas que configuren la red de circulación interna. En este supuesto, dichas superficies quedan sujetas a la afectación especial que resulte de su destino (espacios circulatorios, calles, etc) y acordes con el uso, trazado y características contenidas en la memoria técnica, proyecto de planta y plano de mensura y subdivisión aprobado. La misma entidad

será también titular dominial de dichos espacios circulatorios.

**Problemas entre vecinos**:

Los problemas que pueden presentarse entre vecinos son varios y de lo más variados, algunos se resuelven con la aplicación de la ley de PH y otros por el Código Civil

Es común que una obra dentro de un terreno cause ruidos, disturbios, polvo etc en la propiedad de otro, pues en ese caso la ley 13.512 en su art. 6, incisos a) y b) determina prohibiciones expresas a los propietarios u ocupantes que perturben con "ruidos o de cualquier otra manera la tranquilidad de los vecinos". Y en caso de que dichas normas sean transgredidas se puede accionar judicialmente por las denominadas acciones del art. 15 de la ley 13.512, mediante las cuales "el representante o los propietarios afectados formularán la denuncia correspondiente ante el juez competente y acreditada en juicio sumarísimo la transgresión, se impondrá al culpable pena de arresto hasta veinte días multa en beneficio del Fisco ..."

Al igual que como muchas veces ocurre, las raíces del árbol del vecino comienzan a levantar mi vereda o bien tal rama entra en el techo por ej de mi quincho.

El daño que se provoca debe ser indemnizado por el vecino, una vez tasado y habiendo sacado en algunos casos las fotos correspondientes de antes y después del daño. El árbol al ser propiedad del vecino, al igual que su perro si causa mordida al algun chiquito del barrio, será responsabilidad única y exclusiva de él, salvo que probare que hubo una causa externa a él que provocara tal daño, por ej, que los daños mencionados, fueron causados por una fuerte tormenta y el árbol cayó sobre nuestras tejas. Esto tiene su fundamento en el art 1113 del Código Civil por el que cada uno debe responder por las cosas a su cargo o bajo su cuidado o dependencia, por lo que se aplicará a cualquier daño que infrinja nuestro auto, nuestra domestica o nuestros albañiles.

Si hay buena voluntad, los conflictos serán resueltos extrajudicialmente, caso contrario deberá recurrirse a la reclamación por Carta Documento y luego sino, ir a juicio, cuando no a mediación antes.

No obstante considero que sería conveniente que todas estas cuestiones que regulan la "convivencia y vecindad" y las transgresiones que se originan como consecuencia de que algunos de sus integrantes u ocupantes incurren en conductas socialmente impropias sean pautadas - sobre todo - en el Reglamento Interno. Existe el caso conocido de quienes ocuparan indebidamente y por tiempo las canchas de tenis., privando a otros de tal goce, esto y otras cuestiones deberá ser regulada internamente.

**Las expensas:**

Atento el ofrecimiento de espacios deportivos e instalaciones varias para el divertimento y disfrute de los socios del Country, a la vez que la seguridad que todos tienen, se generan expensas que serán menos o más altas acorde a la mayor oferta de estas. No así los Barrios Cerrados, que al distinguirse de aquellos por ser únicamente barrio sin instalaciones deportivas, las expensas son mucho más bajas, aunque si caben, por los gastos generados por la gente de vigilancia y seguridad, por ej.

Generalmente se incluye el consumo eléctrico (la luz) en las expensas. Los residentes tienen el derecho a discutir la liquidación de expensas independientemente del servicio eléctrico. En un country se cortó el suministro eléctrico a un residente por no pagar las expensas no permitiendosele abonar por separado la luz. El afectado vivió protestando y utilizó un generador para proveerse de electricidad, lo que molestó a los vecinos por el ruido ocasionado. Varios años luchó y accionó judicialmente hasta que la justicia ordenó a Edenor que le instalara la luz independientemente del servicio general que suministraba y administraba entre las viviendas del sector residencial. La administración impidió el cometido de Edenor hasta que finalmente con orden judicial y auxilio de la fuerza pública "SE HIZO LA LUZ". El administrador de ese country creyó ser dueño del "feudo" y se comprometió seriamente con su intento de desconocer una orden judicial. Lo destacable del caso es que nunca hicieron juicio por cobro de expensas y que el corte de luz además que resultó espeluznante ha significado confiscar el derecho de propiedad siendo la luz accesorio indispensable para tener habilitada la vivienda. Las expensas son exclusivamente los gastos realmente incurridos para el buen mantenimiento de las áreas comunes y no tienen nada que ver con la luz, el gas, cablevisión, etc. Los servicios señalados deberán brindarse directamente a las residencias.

Se permitirá cuando sea el caso, la <u>localización de club de campo</u> no comprendido en una zona específica, cuando se trate de predios no aptos para la explotación agropecuaria intensiva o extensiva y se efectúe el estudio particularizado que demuestre la real existencia de hechos paisajísticos (arboledas añejas); particularidades topográficas (lago, laguna, río, etc.); terrenos a recuperar (predios inundables o bajo cota, dunas, médanos, etc.); como así también

167

otros elementos de significación (construcciones de valor arquitectónico, etc.) que justifiquen la localización propuesta. Dicho estudio deberá ser avalado por el municipio y aprobado por el organismo competente del Ministerio de Obras y Servicios Públicos.

De esta manera, se encuentran incluidos también en este encuadre, los clubes náuticos, parques industriales, urbanizaciones con instalaciones comunes, etc.
Es claro que más allá del encuadre que le presta esta ley, se requiere una especial aplicable sólo al caso que nos ocupa, que por ser una invención de los últimos 15 o 20 años no la posee en el Código Civil.-

1. **Que encuadre tienen los Countries y Clubes de Campo?**

Se encuentran contemplados, o mejor dicho, se les aplica la ley de propiedad horizontal.

2. **Cualquier sociedad o entidad puede tomar el emprendimiento de "armar" un Country?**

No, será necesario efectuar estudios de factibilidad a ser aprobados por los organismos de control correspondientes

3. **Para que sirven los estatutos?**

Estos deberán incluir previsiones expresas referidas a la incorporación de los adquirentes de cada parcela, representación, derechos y deberes de los miembros, administración del club, determinación de las áreas y espacios que conforman su patrimonio inmobiliario, servicios generales a asumir y modo de afrontar los gastos comunes, servidumbres reales y restricciones urbanísticas previstas y toda otra disposición destinada a asegurar el correcto desenvolvimiento del club según el proyecto propuesto.

## 4. **Para que sirven los Los planos de subdivisión?**

_Estos contendrán la determinación según mensura, de las superficies afectadas con destino a esparcimiento y circulación conforme se opte por las disposiciones precedentes. Asimismo deberá consignarse en dichos planos, como restricción de venta referida a las parcelas residenciales, la exigencia de la previa transmisión del dominio de las áreas de esparcimiento y circulación a la entidad referida

**Consejos:** 1) cuál es el mejor terreno para comprar dentro de un Barrio Privado o Country? Los que tienen orientación norte en el fondo de lo que será la casa, donde en verano recibe el mejor y más duradero sol en verano

2) Que debo tener en cuenta a la hora de comprar? Primeramente que el lote no se inunde (duda que se termina al consultarle a los vecinos linderos). Para esto también habrá que ver si no se encuentra cerca de un lago (artificial o natural) dado que podra con el tiempo el asentamiento producir filtraciones poco deseadas. En segundo lugar, los lotes desaconsejables, y por lo general más baratos son los perimetrales, es decir, los que rodean el exterior del total del barrio, y que son inseguros por los que se pueden colar por detrás, salvo que exista otro barrio o bien una calle

3) Se desaconseja también la cercanía al club house, canchas de futbol, tenis o golf, así como que el lote o casa esté situado sobre una calle principal, dado que la tranquilidad se verá obstaculizada por los ruidos de autos, las bicis, y las distintas pelotas que caerán a nuestra propiedad.

4) Si nos decidimos por construir, y se puede elegir, nada mejor que el arquitecto o constructor éste todos los días en el country, sea viviendo en él o bien construyendo otras casas, cuestión interesantísima a la hora de sacarse dudas diarias y mantener la inspección por quien corresponde diariamente.

5) Lo más aconsejable también a la hora de comprar será el asesoramiento de un arquitecto, quien tendrá los conocimientos necesarios para evaluar esto y mucho más, haciendo más rentable su inversión, más fácil la reventa, y más cómoda la vida en el mismo.
6) Por último, no olviden asesorarse por un abogado de confianza a fin de que lea todos los documentos y lo asesore por la mejor alternativa a la hora de comprar o vender. No olvidemos que existen lotes que se compran y nunca se pueden escriturar, y a veces se ofrecen a un precio de mercado insólitamente bajo, desconfie, por lo que será importante en ese caso hablar con los que ya compraron a fin de saber más.

## 32. VIVO EN EL INTERIOR DOCTORA...PUEDE TOMAR MI CASO??

En las provincias del interior de nuestro país muchas veces no llega tanta información como para quienes ejercemos en Buenos Aires, o a veces los colegas no tienen posibilidad de formarse tanto, por el poco acceso que a veces hay, (esto dicho por ellos mismos), y en otros casos, no existen colegas que se dediquen a Mala praxis exclusivamente. Por tanto la

gente con un caso presunto de mala praxis de su médico o abogado, en ciertos casos no sabe que puede reclamar, a veces no sabe que tiene 3 años para hacerlo, y a veces no sabe con quien dar. Quienes tienen acceso a Internet no dan con el profesional que buscan más que en Buenos Aires, pero lejos de donde ocurrió el hecho...
A todo lo mencionado se suma lo que relatan los mismos clientes, comparan la ciudad en la que viven...."pueblo chico..." y esto reposa en los amiguismos y el conocimiento entre quienes son abogados o médicos, quienes defenderán o irán en contra de estos profesionales, la clínica a veces conocida también del abogado, el seguro de estos, y la conocida que trabaja en tribunales....ante tantas variables, prefieren tener la objetividad de que se lleve el juicio en otra jurisdicción, es decir en Capital Federal en vez de en la provincia donde esto ocurrió.

....y por tanto este interrogante....***¿Puede el Estudio llevar el caso ocurrido en la provincia, desde su Estudio –que está- en Capital?***

Para ejercer en cada provincia, incluso en Pcia de Bs.As, la ley nos marca a los abogados, colegiarnos obligatoriamente, esto significa que si no nos presentamos a matricularnos en el colegio de Capital no podremos presentarnos en ningún juicio en Capital. Así también con matricula de Capital (el Tomo y Folio que suelen verse en el sello del profesional con la sigla del colegio donde está matriculado). Esto significa que para ejercer en Santa Fe, o en Misiones, o en Chubut, debemos tener matrícula expedida de esa provincia específicamente y no otra, y no solo eso, un domicilio constituido cerca de esa jurisdicción donde nos matriculamos, a fin de que cada notificación que surja del expediente que manejamos, llegue a esa dirección (cuestión también obligatoria). Una vez la matrícula y el domicilio, para llevar el juicio, con movimiento "normal" y con plazos procesales a cumplir, será necesario mudarnos allí o viajar una vez por semana, lo que al cliente le encarecerá absolutamente los honorarios del abogado, por una cuestión lógica....

Entonces que hacemos?...Muchos habitantes del interior desconocen que en primer lugar existe la **Mediación en Capital Federal** (enmarcada en la ley 24573) y obligatoria antes de iniciar un juicio, como por ejemplo de daños y perjuicios (mala praxis). Y en segundo lugar desconocen que si el médico, la prepaga, la obra social y/o la clínica o el seguro de estos tiene domicilio en Capital Federal (como suele ocurrir con las Cías de seguro) el caso puede traerse a Capital, ya que la ley así lo habilita cuando "alguno de los domicilios de los codemandados tengan dirección en la jurisdicción".

Por tanto se logra sacarlo de la provincia, y en las que no existe mediación, traerlo a Capital y muchas veces resolverlo no en 10 años como un juicio, sino en 6 meses, lo cual representa una ventaja...
Demás está decir, que con los juicios se sigue la misma máxima mencionada. También aclaramos que poseemos corresponsales en casi todas las provincias, por lo que muchas veces necesitamos de ellos o bien hacemos cosas en conjunto
Debo aclarar también que los Hospitales o Instituciones (médicas) *municipales, provinciales, o estatales están exentos de asistir a mediación*, por tanto si se tratara de una institución de estas, sino otro a citar, habrá q ir a juicio, sin posibilidad de negociar en la mediación (recordemos que el acuerdo en mediación tiene autoridad de sentencia)
Ahora bien, si un cliente inició ya una causa en esa provincia, ( por Ej. una medida para secuestrar la historia clínica) el juicio de daños que perseguirá la reparación económica muy probablemente sea "atraído como un imán a esa provincia, aún cuando se inicie en Capital" por que esto también lo dice la

ley, aunque no se está privado ( y de hecho lo hacemos con éxito) de traerlo a mediación...
Promuevo la mediación como verán, porque frente a tanta burocracia tribunalicia, que todos conocemos, en la misma se puede encontrar una solución en poco tiempo en el 70% de los casos, rápida y de forma mucho más económica, bastando el envió del poder correspondiente por parte de quienes quieran llevarla a cabo
Por estas razones es que muchos de nuestros clientes y causas son de personas del interior a quienes a veces ni siquiera conocemos más que por mail o Chat, que confían en nuestra gestión a través de un poder, y están mucho más tranquilas que si se llevara el caso en su provincia

## 33. RELACIÓN MÉDICO- PACIENTE:

En razón de todo lo que hablamos siempre sobre médicos y pacientes, me pareció interesante que enunciemos de donde deriva todo, que por otro lado, es muy interesante:

### Código Internacional de Ética Médica

**Deberes de los médicos en general**

El médico debe mantener siempre el nivel más alto de conducta profesional.
El médico no debe permitir que motivos de ganancia influyan el ejercicio libre e independiente de su juicio profesional en favor de sus pacientes.
El médico debe, en todos los tipos de práctica médica, dedicarse a proporcionar su servicio médico competente, con plena independencia técnica y moral con respeto y compasión por la dignidad humana.
El médico debe tratar con honestidad a pacientes y colegas, esforzarse por dejar al descubierto a aquellos médicos débiles de carácter, deficientes en competencia profesional, o a quienes incurran en fraude o engaño.
Las siguientes prácticas se consideran conducta no ética: a) La publicidad hecha por un médico, a menos que esté permitida por las leyes del país y el Código de Ética de la Asociación Médica Nacional. b) El pagar o recibir cualquier honorario u otro emolumento con el sólo propósito de obtener un paciente, el recetar o enviar a un paciente a un establecimiento.
El médico debe respetar los derechos del paciente, de los colegas y de otros profesionales de la salud y debe salvaguardar las confidencias de los pacientes.
El médico debe actuar solamente en el interés del paciente al proporcionar atención médica que

pueda tener el efecto de debilitar la condición mental y física del paciente.

El médico debe obrar con suma cautela al divulgar descubrimientos, nuevas técnicas o tratamientos a través de canales no profesionales.

El médico debe certificar únicamente lo que él ha verificado personalmente.

**Deberes de los médicos hacia los enfermos**

El médico debe recordar siempre la obligación de preservar la vida humana.

El médico debe a sus pacientes todos los recursos de su ciencia y toda su lealtad. Cuando un examen o tratamiento sobrepase su capacidad, el médico debe llamar a otro médico calificado en la materia.

El médico debe, aún después de la muerte de un paciente, preservar absoluto secreto en todo lo que se le haya confiado.

El médico debe proporcionar el cuidado médico en caso de urgencia como un deber humanitario, a menos que esté seguro que otros médicos puedan y quieran brindar tal cuidado.

**Deberes de los médicos entre sí**

El médico debe comprometerse hacia sus colegas como él desearía que ellos se comportasen con él.

El médico no debe atraer hacia sí los pacientes de sus colegas.

El médico debe observar los Principios de "La Declaración de Ginebra" aprobada por la Asociación Médica Mundial.

**Referencia**

(1) Código Internacional de Ética Médica. Adoptado por la III Asamblea General de
la Asociación Médica Mundial. Londres, Inglaterra, Octubre 1949.

**Declaración de Lisboa**
**Sobre los Derechos del Paciente**

Adoptada por la 34a Asamblea Médica Mundial, Lisboa, Portugal, Septiembre/Octubre 1981

Reconociendo que puede haber dificultades prácticas, éticas o legales, un médico debe siempre obrar de acuerdo con su conciencia y siempre por el supremo interés del paciente. La presente Declaración representa algunos derechos principales que la profesión médica procura brindar a los pacientes. Cuando la legislación o el accionar del gobierno niega esos derechos, los médicos deben procurar asegurarlos o restituirlos por los medios correspondientes.

a) El paciente tiene derecho a elegir su médico libremente.

b) El paciente tiene derecho a ser atendido por un médico que pueda emitir libremente juicios clínicos y éticos sin interferencias externas.

c) El paciente tiene derecho a aceptar o rechazar un tratamiento, después de haber recibido la información correspondiente.
d) El paciente tiene derecho a esperar que su médico respete el carácter confidencial de sus datos médicos y personales.
e) El paciente tiene derecho a morir con dignidad.
f) El paciente tiene derecho a recibir o rechazar el consuelo moral y espiritual incluso la asistencia de un sacerdote de una religión determinada.

## 34.RECONOCER EL ERROR: UNA QUIMERA

(*Quimera: Sueño o ilusión que es producto de la imaginación y que se anhela o se persigue pese a ser muy improbable que se realice).*

El médico que se equivoca no puede confesárselo al paciente, aún cuando esto evitará demandas, la relación médico paciente, se sostiene sobre esta base: **la confianza**, la misma que fortalecerá o denostará una relación, la misma que traicionada, hará que el paciente busque su reparación económica en juicio, (haciendo las veces de toda venganza social), la misma que si se tuviera en cuenta, y se pidiera perdón al paciente, como muchos clientes víctimas pretenden, haría más humanos que dioses a los médicos. Se podrían revisar las causas de tales errores, (confusión, distracción, impericia, desconocimiento de la lex artis, olvido, descuido, etc.) a fin de que no vuelva a ocurrir. Se podrían hacer ateneos, congresos con experiencias y casos de otros profesionales, para comparar uno con otro, ver las consecuencias y evitabilidad. Todo muy interesante pero difícil de llevar a la práctica....

Principalmente se equipara el error a la ignorancia, destacando que todo lo que ocurre como error humano, transcurre en el cerebro (lóbulo frontal) antes que en cualquier otro lugar, premeditada y programadamente.

El error puede ser impedido si se reeduca el lóbulo frontal de los médicos y cualquier ser humano, lo cual es bastante difícil, partiendo de la base que reconocer el error ante el paciente o la sociedad, es equivalentemente a ser mal visto o tachado de incompetente, cuando en realidad, si se aceptara que somos Humanos, cometer errores viene por añadidura.

El error consiste en hacer o dejar de hacer (acción u omisión) del profesional de la medicina y hablamos de laboratoristas, médicos en gral, enfermeras, etc, el que si no pudo ser previsto y previsto no pudo ser evitado, entonces no es endilgable al médico sino al

Caso fortuito y ahí también existe ignorancia de la ley por parte de los galenos.
En el país de la perfección, de los seres humanos incorruptibles, y donde todos sabemos todos, el infalible doctor, no se equivoca...

## 35. PORQUE SE HABLA DE MALA PRAXIS?

La realidad ha ido cambiando, tanto para el país, como para el mundo, como para los pacientes. Principalmente la relación médico-paciente que antes era entendida como sublime e incuestionable, ha dejado paso a la desaparición del "médico de cabecera", para tomar un medico de la cartilla de la obra social o la prepaga, o bien el que está de guardia en el Hospital. Ya no es tan estrecho el vínculo que unía aL paciente y médico, de manera tal que la confianza ya no es la misma, porque el conocimiento no es el mismo, el tiempo que se conoce a ese profesional (generalmente los abuelos se atendían con él) tampoco lo es. La relación se ha ido transformando para elegir al profesional, atento el valor que puedo pagar, relacionado en su mayor parte y vinculándose a través de un tema "económico", en razón de los tiempos que corren. Además ese médico de cabecera familiar debe en muchos casos derivar al paciente a la especialidad que requiere la patología que presenta, por lo que si

ese médico comete negligencia en su acto médico y no se conduce acorde a la “lex artis”, será mucho más sencillo demandarlo que si fuera el histórico médico familiar, ya que la falta de afecto hace más sencillo un juicio de valor objetivo sobre su actuar.
Esto sumado al mayor conocimiento que se tiene, no tal al alcance antes, de los adelantos de la medicina y los distintos tratamientos y demás que se emplean, frente a las millonarias demandas judiciales en, por ejemplo, un país como Estados Unidos, hace que el paciente incremente su búsqueda de culpables frente a una tragedia familiar en una operación, que antes no involucraba al médico sino al destino.
Hoy se habla en todos los medios de los errores o negligencias frente a un reclamo por mala praxis. Se televisan, se entrevista, se lee y se comenta, por lo que el paciente o el familiar de este, esta mucho mas entrenado y presto a demandar que antes.
También existen abogados inescrupulosos que “le doran la píldora” al paciente, a veces para tener una ganancia a priori, frente a la expectativa del reclamante, cuando muchas veces no hay error para endilgar y no hay reclamo realmente viable, cuestión que quedaría dirimida y resuelta, si las pruebas con que tal paciente cuenta, fueran sometidas al estudio de un facultativo en la

especialidad que evaluará la viabilidad o no de tal reclamo..

Aunque no hay que dejar de decir, que hay un porcentaje elevado de médicos con poca o deficiente preparación para lo que hacen, que luego tiene consecuencias sobre un paciente disgustado que quiere lo que le corresponde, y muchas veces si esto se torna irrecuperable, no desmerece una buena indemnización.

Sabemos que la medicina es ejercida por hombres y no por dioses, y que tampoco es una ciencia exacta, pero dado que los tiempos han cambiado, y que hoy pareciera que el médico no se transformó en ese ilustre y académico hombre ricachón y afamado, sino en un empleado de las obras sociales y de sus propios pacientes. Es importante entonces: estudiar, actualizarse, estar preparado, asegurarse, asesorarse como corresponde, hacer lo que debe....

Hasta el siglo 19 las prácticas médicas se parecían más a la brujería de los antiguos chamanes que a la ciencia: carentes de mejores herramientas, los médicos desangraban a los pacientes, realizaban enemas y aplicaban ventosas, todos tratamientos invasivos que generaban sufrimiento en el paciente y además, poco efectivos. Cuando arreciaba alguna plaga, la gente se moría de a montones

Hace menos de 150 años en Buenos Aires, la epidemia de fiebre amarilla de 1870 mató al 10% de la población, y la gente tenía tanto miedo de contagiarse que los q no se morían, se iban de la ciudad, por lo que la población cayó a un tercio del número. original. Se creó especialmente el cementerio de la Chacharita porque no había donde poner tantos cadáveres y el de Recoleta no aceptaba cuerpos de personas que hubiesen sufrido la peste. Los ataúdes se acumulaban en las esquinas. Había sólo 40 coches fúnebres que hacían recorridos fijos para recogerlos.

En el siglo 20 la epidemia de gripe española de 1918 mató entre 50 y 100 millones de personas. El limitado conocimiento del funcionamiento del cuerpo humano y la escasez de tratamiento dejaban a los medios sin respuesta efectiva ante los pacientes que se morían en cantidades.

En 1928 Fleming descubre la penicilina, y ahí todo cambia, los médicos por primera vez tenían un tratamiento capaz de curar cuadros infecciosos y salvar la vida de millones de pacientes. A partir de ese momento los médicos comenzaron a ocupar un sitial de gran honor dentro de la población y tener un hijo médico se convirtió en la aspiración de toda madre o padre. Este avance y otros posteriores terminaron de consolidar una profunda asimetría: respecto de la salud del propio paciente el doctor sabe mucho y el paciente casi nada. Dependientes del saber médico, los enfermos escuchaban sumisos e intentaban cumplir con las directivas del médico para poder sanarse. Este lugar prestigioso y poderoso se extendió durante todo el siglo 20.

## La llegada de Internet

La llegada de Internet da comienzo a una revolución que por primera vez nos permite dirigir el barco de nuestra propia salud e invierte la asimetría médico-paciente que caracterizó el siglo pasado

Por un lado la información disponible en la red para los pacientes es virtualmente infinita. Según una encuentra realizada en USA el 80% de los que buscan información en la web expira algún tema de salud: más gente consulta a Google (76%) de la que efectivamente consulta al médico (55%)

Muchos doctores vieron esto como una amenaza: preocupados por el final de la asimetría, reaccionaron atacando la confiabilidad de la información disponible en la web e instando a los pacientes a no buscar. Y mal no les fue: el 97% confía en su médico, según confesaron, y el 71% en un médico desconocido. Solo el 28% en lo que encuentra girando en la red.

Sin embargo los pacientes no han dejado de buscar, solo no se lo dicen al médico. Los grandes perjudicados por toda esta masa informativa son los hipocondríacos: tienen miles de síntomas descriptos con el mayor detalle posible para comenzar a experimentar

Hace unos años Google decidió hacer un experimento: intentó determinar si medir la cantidad de gente que buscaba información sobre la gripe funcionaba como herramienta de detección temprana de epidemias y los resultados fueron asombrosos. El aumento en el nro. De consultas en una región específica del mundo brinda potencialmente un alerta muy rápido sobre la existencia de un brote. Sin proponérselo, Google creó un detector de gripe capaz de monitorear sin costo alguno el mundo entero en tiempo real.

Hoy existe en USA sitios para calificar a los médicos como VITALS.COM O RATEMDS.COM donde uno puede entrar y a la usanza de espacios de viajes como Tripadvisor, evaluar la calidad de su médico, esto aporta una herramienta más a la hora de escoger con que profesional atenderse

Existe otra red, CURETOGETHER.com que informa sobre tratamiento para 637 enfermedades y condiciones. Así personas con nombre y apellido que consumieron un remedio o que atravesaron algún tipo de tratamiento informan que eles ocurrió exactamente y si fue efectivo o no, cuánto duró y si regenero efectos colaterales

La conjunción de todos estos avances preanuncia la llegada de una medicina diferente, caracterizada por lo que se conoce como '"las 4 P"': PERSONALIZADA, PREVENTIVA, PARTICIPATIVA Y PREDICTIVA.

## 36. INFECCIONES INTRAHOSPITALARIAS; Sus consecuencias médico-legales - Prevención y cuidados.

Las infecciones hospitalarias son muy graves, representando la causa del 60% de las demandas por mala praxis en Estados Unidos debido a que los gérmenes son más resistentes y virulentos en un medio hospitalario, además de que los pacientes son personas con las defensas muy bajas. Las causas del contagio de estas por un paciente internado o muchas veces por un tratamiento ambulatorio (Ej. de quien se acerca a guardia hospitalaria con dolor de rodilla y producto de varias infiltraciones es contagiado por estas infecciones) se da por el mal uso de antibiótico, dado que los gérmenes reaccionan y hacen resistencia al mismo, sumado a las bajas defensas del paciente, a cirugías invasivas donde penetran gérmenes hospitalarios, la falta de higiene del lugar de internación (llámese Hospital, clínica, centro de salud, etc) y la correcta eliminación de residuos (patogénicos)

La **limpieza de un Hospital** se diferencia ( o se debería diferenciar) de la que se realiza en otros centros en dos aspectos fundamentales: Las frecuencias de limpieza deben ser mayores y las tareas deben realizarse con más minuciosidad, lo que se hace para evitar que los enfermos sufran contagio de infecciones, erradicando de esta manera cualquier foco de infección creando un ambiente estético agradable para los pacientes del centro, con lo que se sentirán a gusto y mejorará su estado de salud y bienestar. La limpieza sigue siendo la mejor garantía de lucha contra la proliferación de gérmenes y bacterias.

Las fuentes de contaminación y los mecanismos de transmisión son varios. Uno de los mayores problemas de la contratación de un servicio en general es que la elección del **proveedor del servicio** se hace en gran parte a ciegas. La venta se hace antes de la producción, en la confianza del cumplimiento del pliego de condiciones técnicas y económicas.

Se debe respetar las indicaciones de los proveedores de productos de limpieza, con el fin de que no pierdan propiedades limpiadoras y desinfectantes.

Cuando los gérmenes peligrosos han sido localizados, debemos prestar especial atención en destruirlos en su totalidad y no diseminarlos por el hospital transportándolos de un lugar a otro.

Esterilización: Proceso para eliminar toda vida microbiana.

Desinfección: Operación que tiene como fin la destrucción de infecciones aeróbicas.

Infección: Es la introducción de un microorganismo patógeno en el cuerpo de un sujeto predispuesto, provocando una enfermedad.
Hospitalismo: Es el paso de una infección de una personas a otra. También conocido como Contagio. Es un problema muy grave en los hospitales.
Microorganismos: Animales unicelulares microscópicos, de alta velocidad de reproducción, algunos de ellos causantes de enfermedades (virus, Hongos, Protozoos), que se alimentan de principios básicos que se encuentran en el hombre o en la suciedad.
Suciedad: Materia de naturaleza orgánica o inorgánica donde pueden reproducirse microorganismos causantes de enfermedades.
Polvo: Toda partícula sólida de pequeño tamaño que se encuentra en cualquier superficie o en suspensión en la atmósfera. Su origen es orgánico o inorgánico y es el causante directo de enfermedades tan importantes como el Asma o las alergias respiratorias. En un medio hospitalario, el polvo aloja y sirve de vehículo a bacterias, con lo que se puede convertir en foco de infección.
Foco de Infección: Lugar o medio donde se origina una infección bacteriana.
Las infecciones están producidas por los microorganismos unicelulares. Algunos de ellos son necesarios para la vida (bacterias que producen la

fermentación, por ejemplo), y otros producen las temidas enfermedades.

**Tipos de microorganismos**:

Bacterias: Hay diferentes formas de bacterias, las más peligrosas son las Esporuladas, es decir, las ácido-resistentes. Todas ellas se reproducen cada 15 o 20 minutos por sistema binario, por lo que una sola bacteria es capaz de producir millones de ellas en un solo día.

Virus: Son microorganismos que necesitan introducirse en una célula viva para reproducirse.

Hongos: Son microorganismos que se desarrollan en lugares húmedos.

Todos estos microorganismos son microscópicos y necesitan alimentos de base, proteínas, carbohidratos, fósforo, hierro, etc. que encuentran en la materia orgánica (suciedad) o en un ser vivo. Una de sus características más relevantes es su extrema rapidez de multiplicación. Incluso aislado, un germen tiene la posibilidad de emigrar hacia un medio más favorable, que con el calor, humedad y nutrientes, prolifera en el lugar donde se encuentra antes de extenderse, hay gérmenes como la **Pseudomona**, que puede desarrollarse hasta en el agua del grifo, ya que sus necesidades nutricionales son muy pequeñas. La limpieza limita el crecimiento microbiano, pero no elimina el riesgo de una infección, sin embargo, sí es indispensable antes de proceder a la desinfección. Una infección se puede transmitir por contagio directo (contacto entre personas), o por contacto indirecto (por el aire, ropa, objetos, material de limpieza, etc.). La función fundamental de la limpieza es la de romper los mecanismos de transmisión con el fin de reducir el riesgo de infecciones.

Si un paciente adquiere una infección como consecuencia de una intervención quirúrgica, la culpa del sanatorio encuadra en las pautas establecidas en el Art. 512 del Código Civil y su responsabilidad se extiende al comportamiento de sus auxiliares y técnicos que se desempeñan en el mismo, sea porque se trata del incumplimiento de la obligación de otorgar servicios que brinden seguridad al paciente o por aplicación analógica del Art. 1113 del mismo código. (Sumario de fallo judicial).-

**LA ENTIDAD DE SALUD DEBERÁ RESPONDER INDEMNIZANDO AL PACIENTE CONTAGIADO Y SUS SECUELAS, sin pretender eximirse de responsabilidad ni por caso fortuito, ni argumentando que es el propio paciente quien se genera la infección por sus propios gérmenes, como es usual.**

Los residuos patogénicos generados por consultorios, hospitales, Institutos privados, geriátricos, organismos de rehabilitación psíquica y física y laboratorios están legislados en la ley 24051 y en la ley 154 de la Ciudad de Bs.As. ES IMPORTANTE SABER QUE ESTOS ESTABLECIMIENTOS DEBEN TENER CERTIFICADO DE APTITUD AMBIENTAL PARA HABILITARSE (decreto 1886/01) Por lo que concluyo que es evitable la infección intrahospitalaria, siempre y cuando se aplique un plan metódico y organizado en cuanto a la limpieza, residuos y ambiente, combinado con la no economización en esto por quienes deben aplicarlo. Si se atendieran las causas más que las consecuencias (prevención para no arribar a un juicio) sería también mucho más económico y saludable.-

## 37. LA HISTORIA CLÍNICA

El tema de la historia clínica no deja de ser uno del que se podría realmente escribir un libro. No solo es un documento legal, sino que muchos médicos así no lo perciben, y no entienden que es del paciente, mucho menos parecen saber que debe ser legible, y ni hablar de ser correcta o bien guardada y no extraviada.

Las anotaciones de los profesionales médicos hacen que la historia clínica no sea solo una tarea administrativa sino de índole profesional debiendo ser realizadas con precisión, rigor y minucia, dado que de ello depende el correcto seguimiento de la evolución del paciente, que visitado en su internación por diversos profesionales, adecuan su tarea a la evolución allí consignada. Por lo que un error o una omisión pueden derivar en consecuencias graves y hasta fatales.

Las omisiones o su imperfecta redacción privan al paciente de un crucial elemento de juicio para determinar la culpa imputable al médico, quebrantándose el deber de colaboración que deba existir por parte del accionado para facilitar la prueba, por lo que ante su ausencia, la carga ha de considerarse invertida, es decir, a probanzas del paciente. Sin embargo eso no hace presunción absoluta a favor de este, sino más bien, un punto a su favor, que se completará con las demás cuestiones del caso. Por eso la omisión de acompañar la Historia Clínica, que supone una grave irregularidad (ya sea porque el Instituto de Salud o médico, no la hayan labrado, no la encuentren, se haya perdido, no quieran acompañarla, o bien se haya quemado o por consejo profesional no se presente) es suficiente para generar esa presunción judicial de culpa, de acreditar su diligencia en la atención del paciente.

Si el médico deja de hacer constar en ella, la intervención quirúrgica que de hecho se le efectuó al paciente, la historia será indicativa de la existencia de la ineficiencia del médico y su desempeño, ya sea por ocultamiento del percance quirúrgico, o bien por no haberse dado cuenta de la producción del daño.

Cómo sabemos si se utilizó la técnica adecuada en el paciente si no se plasma esta en la Historia? Privara de los elementos necesarios para apreciar si fue la correcta, el mérito de la elección por el profesional, sus efectos, etc.

**El código penal en su Art. 292** habla de quien hiciere en todo o en parte un documento falso o adulterare uno verdadero, de modo que pueda resultar perjuicio será reprimido con prisión de uno a seis años si se tratare de un instrumento público (historias clínicas en por Ej. Hospital Público estatal) y con prisión de 6 meses a dos años si se tratare de un instrumento privado (historias clínicas en Clínica privada).

Este artículo se refiere tanto al que prepara, elabora, confecciona o crea, como así también el que altera su contenido, modificando o agregando datos apócrifos en el referido documento, adulterándolo.

Son los médicos quienes deben recordar la importancia ética, médica y judicial de la Historia para volcar todo en ella, con pelos y señales, incluso lotes de medicamentos o bien de implantes, para deslindar en lo posible, responsabilidades ortopédicos por Ej. Que no le corresponden a ellos, sino a sus fabricantes, y así también, quedar absueltos en juicios, conscientes de haber actuado dentro del acto médico, llevando a cabo todo lo que correspondía.-

## 38. NOSOTROS, LOS ABOGADOS, LOS PEORES DE TODOS

A ver si queda claro: nosotros no enfermamos ni dañamos al paciente ni juzgamos al médico, es el médico quien lo daña, (sin intención, por eso hablamos de culpa) habiendo podido en la mayoría de los casos evitarlo o no, y es el juez quien lo juzgará por su actuar al médico

No hay manera que si se ataca el problema desde la consecuencia esto se revierta, salvo que jamás reconozcan los médicos que yerran como todos, más allá de su profesión, siempre tan bien vista socialmente.

El problema no son los seguros, ni las leyes, ni los abogados, ni los juicios, ni el beneficio de litigar sin gastos, ni la prescripción que quieren disminuir, el problema parte de otro lado, del error médico que se debe impedir. El médico se prepara para tratar con la enfermedad, no con el paciente ni con la familia de éste....la Universidad los prepara para

esto, no hay materias de prevención del error, o de diplomacia o empatía con el paciente.
Si el médico se actualizará, si se organizara el trabajo, si se perfeccionará, si hubiera formacion y prevencion (que es lo que predico y doy en mis talleres), si reconocieran el error para no repetirlo (obviamente en ateneos médicos, no el reconocimiento social), si hubiera más educación en salud, disminuiría lo que hoy constituye lo que Uds. llaman la Industria del juicio. No todos son abogados inescrupulosos en aventuras jurídicas, como no todos son médicos terroríficos que actúan mal.
El problema de la mala praxis no es un problema legal ni un problema económico, ni el sueldo del médico, ni el stress que vive, ni la baja infraestructura o pocos insumos deben justificar jamás un error médico voluntario, jamás, con ese criterio entonces, debiera haber más errores en lugares como África donde los médicos cuentan con el equipo básico para atender.
El médico desgraciadamente en ese medio que trabaja debe actuar y hacer lo mejor, lo que exige la media, sino con ese mismo criterio los docentes de Argentina enseñarían peor que en otro lugar del mundo, por mal pagos, mala infraestructura, etc.
Deben concentrarse no en nosotros, no en cambiar la ley, no en tenerle miedo al paciente, deben

concentrarse en LA SEGURIDAD DEL PACIENTE Y EN IMPEDIR EL ERROR DE SUS MÉDICOS !
Debo decir que cada vez hay más instituciones médicas en Argentina y en el mundo que buscan la Certificación de Calidad, sea la de la Joint Comission (JCI) de Estados Unidos como la de otra nacional. La Joint Commission International es un proceso voluntario mediante el cual la institución médica será evaluado para determinar el cumplimiento de una serie de requisitos (estándares) destinados a mejorar la seguridad y la calidad de la atención Teniendo en cuenta las 6 metas internacionales de Seguridad al paciente:
1. Identificar correctamente a los pacientes
2. Mejorar la comunicación efectiva
3. Mejorar la seguridad de los medicamentos de alto riesgo
4. Asegurar la cirugía en el sitio correcto, con el procedimiento correcto y en el
paciente correcto
5. Reducir el riesgo de infecciones asociadas al cuidado de la salud
6. Reducir el daño causado por caídas

## 39. Mala praxis: ERROR DE LABORATORIO.

En general la mayoría de los diagnósticos médicos se realizan en base a cierto estudio que solicita el médico. Por lo que el paciente se dirige a efectuarse el análisis de sangre, o de orina, la Radiografía, un Eco Doppler o una ecografía, o miles de distintos tipos de estudios de laboratorio que necesita el médico en su especialidad, quien se sirve de esta ciencia auxiliar a fin de determinar el diagnóstico y tratamiento futuro del paciente.

Qué pasa si el laboratorista, ecografista, o quien realizará cualquier otro tipo de análisis o estudio se equivocara? Qué pasaría con ese resultado en relación al actuar del médico para con el paciente? Evidentemente que la consecuencia está a la vista. El médico obrará en concordancia con tal informe y diagnosticará erróneamente y le hará el tratamiento inadecuado, sea este intervenir al paciente en una operación, o darle medicación innecesaria o distinta de la que necesita, en definitiva: no curará, (principio de la medicina: hacer el bien, no dañar). O bien dañara o agravará más la patología de este o la dejará *stand-by*.

En cualquier caso, la responsabilidad, tengamos en cuenta, no podrá atribuírsele al médico, quien salvo un llamado divino o una afilada y azarosa intuición o lo que fuera que sucediera, se pidiera un nuevo estudio, caso en el cual, dudará del anterior o del último... Mientras, el paciente, será víctima de este error, que podrá ser por distracción, por encontrarse descalibrado el aparato con el que se realizó, o se habrá contaminado la pipeta o la jeringa con la que se extrajo sangre o bien, todo lo que puede ocurrir en el ámbito de un laboratorio de análisis, quienes no olvidemos, debe tener tanta o más asepsia que un hospital o clínica.

Lo que sí es cierto es que el laboratorio tiene ***obligación de resultado,*** lo que en nuestra profesión significa, como ya lo he dicho en otros artículos, que tiene obligación de cumplir acabadamente con lo que se le pide, no basta con hacer lo mejor, sino que deberá ser cierto y exacto el resultado que arroje, fruto de tal estudio. Caso contrario será su absoluta responsabilidad (contractual para con el paciente), que incumplida, salvo caso fortuito, fuerza mayor, culpa de la víctima, deberá responder indemnizando, por el error incurrido.

Error que podrá ser accidental, en la medición, en las cifras (de tipeo o no), de mala identificación del paciente (confusión de los sobres donde van tales resultados) de apreciación del instrumento al leer, y ahí se da el caso de quien operará mal de sus ojos a 6 pacientes el mismo día, y preguntándose las razones, resultó ser la deficiente calibración del aparato con el que operará, sea por responsabilidad de quien calibrara, del oftalmólogo o de fabricación del equipo.

Nadie puede desconocer casos donde los mismos "*tacos*" (muestras anatomopatológicas) dieron negativas en un primer caso y positivas en un segundo o a la inversa, por consiguiente hubo quien creyó tener cáncer y fue a una sala de operaciones, por Ej., o quien lo tuvo y nunca se enteró por ese examen.
También es el caso de una ecografía con un embarazo ya en trabajo de aborto (2 meses) donde el ecografista confunde las partes del feto fallecido diseminadas por el útero, con mellizos o trillizos...
Lo importante ante un examen de las características que hablamos es llevarlo a cabo en un laboratorio reconocido (aunque a veces no sea posible por la limitación de la cartilla de la prepaga), -y aun en estos puede ocurrir- y repetirlo con cierto período de tiempo o bien, en otro laboratorio.
Aun así es difícil de evitar, y más de comprobar ulteriormente, pero más: saber que están incurriendo en un error en el preciso momento que el médico lee los resultados...

## 40. "EL CONSENTIMIENTO INFORMADO"

Se ha escuchado mucho en estos últimos tiempos sobre el CONSENTIMIENTO INFORMADO, tanto por los profesionales de la medicina como por los pacientes prontos a recibir tratamiento por parte de estos, toda vez que es de máxima importancia antes de realizarse cualquier tipo de práctica médica (tratamientos odontológicos, anestesias; cirugías en general, etc.)

El Consentimiento informado es específicamente lo que hace al "sí" del paciente que será tratado por determinado médico o Institución médica (privada o pública) con relación directa a aquello a lo que se lo va a someter a fin de beneficiarlo con las técnicas a aplicar, bien para devolverle su estado de salud, bien para mejorarlo, bien para acercarle un mejor nivel de vida, bien para embellecerlo. En cualquier caso, y dado su condición de **"informado"**, será necesario todo tipo de información en su más amplio concepto de la palabra, para que el paciente conozca no sólo la práctica que se le realizará, o intervención quirúrgica, o toma de medicamentos, o anestesia, sino también sus lógicas consecuencias, quedando a su vez claro el tratamiento a realizar, el tiempo que insumirá, los materiales a utilizar, las reacciones que puede ocasionarle y demás, a fin de que el médico se ampare frente a un eventual reclamo por "Mala Praxis", que hay tantos, y que el paciente se cubra por eventuales y consecuentes "complicaciones" o inesperados sucesos.

Lo que allí no se encuentra escrito al firmarlo, previo al acto médico, se entiende que no se ha informado, y si no se ha informado, el profesional ha incurrido en una falta, que lo implicara y comprometerá en la órbita de su responsabilidad médica, si esto conlleva "consecuencias no informadas", tratamiento distinto del informado o resultados distintos a los prometidos, si se hubieran prometido (ej. Cirugía estética embellecedora.

En cualquier caso, y si el profesional o la Institución médica no toman el recaudo de la firma previa del consentimiento informado, dado su **carácter de no obligatorio**, (salvo ablación de órganos, peligro de muerte o amputaciones) implicara que no es de uso frecuente para estos, dado que de todas maneras, sí es de uso frecuente el consentimiento del paciente (verbal), con toda la información del caso brindada por el profesional, frente a una intervención, tratamiento o cualquier otra práctica médica.

Uno de los tantos *modelos generales* del mismo, y para quienes nunca han visto uno o no saben lo que es, es este: (aunque lo ideal es la información plena de todo el procedimiento a realizar)

---

***CONSENTIMIENTO INFORMADO:***

*A través del presente, declaro y manifiesto, en pleno uso de mis facultades mentales, libre y espontáneamente y en consecuencia AUTORIZO al Doctor más abajo identificado, lo siguiente*

1. *He sido informado/a y comprendo la necesidad y fines de ser atendido/a por el especialista más abajo reseñado.*

2. *He sido informado/a de las alternativas posibles del tratamiento.*

3. *Acepto la realización de cualquier prueba diagnóstica necesaria para el tratamiento médico, incluyendo la realización de estudios radiográficos y analíticos, interconsultas con cualquier otro servicio médico y en general, cualquier método que sea propuesto en orden a las consecuencias de los fines proyectados y conocer el estado general de mi Salud.*

4. *Comprendo la necesidad de realizar, si es preciso, tratamientos tanto de carácter médico y quirúrgicos, incluyendo el uso de anestesia local y/o General; siempre que sea necesario y bajo criterio del especialista.*

5. *Comprendo los posibles riesgos y complicaciones involucradas en los tratamientos médicos y quirúrgicos, y que en mi caso la duración de estos fenómenos, no esta determinada, pudiendo ser irreversible. Comprendo también que la medicina no es una ciencia exacta, por lo que no*

*existen garantías sobre el resultado exacto de los tratamientos proyectados.*

6. *Además de esta información que he recibido, seré informado/a en cada momento y a mi requerimiento de la evolución de mi proceso, de manera verbal y/o escrita si fuera necesaria y a criterio del Doctor.*

7. *Si surgiese cualquier situación inesperada o sobrevenida durante la intervención o tratamiento, autorizo al Doctor a realizar cualquier procedimiento o maniobra distinta de las proyectadas o usuales que a su juicio estimase oportuna para la resolución, en su caso, de la complicación surgida.*

8. *Me ha sido explicado que para la realización del tratamiento es imprescindible mi colaboración con una higiene Oral escrupulosa y con visitas periódicas para mi control clínico y radiográfico, siendo así que su omisión puede provocar resultados distintos a los esperados*

9. *Doy mi consentimiento al Doctor y por ende al equipo de ayudantes de la Clínica-consulta que Él designe, a realizar el tratamiento pertinente PUESTO QUE SÉ QUE ES POR MI PROPIO INTERÉS, con el buen entendido que puede retirar ese consentimiento por escrito cuando así lo desee.*

| *CAPITAL FEDERAL ____________de ________________________de 200...* |
|---|
| *EL PACIENTE, TUTOR O REPRESENTANTE LEGAL*<br>*FIRMADO*<br>*DON/DOÑA______________________________*<br>*D.N.I.*<br>*Nº_____________________________________*<br>________<br>DRA.................<br>Colegiado<br>Número..........................................................<br>Firmado..................................................<br>________________________________________<br>______________________________________ |

Es absolutamente necesario que quien firme el mismo se encuentre en su plena capacidad de decisión y no tenga nublada su voluntad o viciado su consentimiento, dado que su firma implicara estar en un todo de acuerdo con la información otorgada, y el “si”, como dijimos, para comenzar el tratamiento. Por esta razón, los menores de edad deberán ser representados por sus padres, tutores o autorizados, y la firma de los mismos refrendará tal acto.

Existe mucha gente hoy día, en boga los juicios de Mala praxis profesional, y a veces tentados por el dinero que existe detrás, que asesorados por abogados inescrupulosos “agrandan”, inventan o exageran las consecuencias o insignificantes errores, de tratamientos realizados por médicos responsables, lo que desvirtúa el desempeño de profesionales letrados conscientes, y reclamos reales y justificados de ex pacientes.

Pero también es cierto que muchos profesionales médicos cometen errores, como todos, solo que en la órbita de la medicina, (lo que lo transforma en muy trascendente para la vida de aquel paciente), muchas veces solo por ser humanos, y muchas otras por falta de preparación en la materia específica o por falta de la higiene necesaria en una cirugía, o por abaratar costos con relación a la institución donde trabajan, o la prepaga u obra social del afiliado que atienden, y otros tantos por distracción o por el gran estrés que se vive en centros bonaerenses donde faltan médicos, insumos u horas justificadas y necesarias de sueño.

En cualquier caso, tanto los médicos como las instituciones gozan de seguros de responsabilidad civil o bien se autoaseguran, quienes en última instancia y luego de examinar responsablemente al paciente en Junta Médica, y su *Historia Clínica* (cuestión que se tratará en otra oportunidad) repararán, de existir, la negligencia médica llevada a cabo. En estos casos será necesario contar con un profesional entendido en la materia (dado que solo abogados especialistas en Mala Praxis cuentan con las armas indicadas para la exposición y defensa del caso) quien trabajando con un medica de la especialidad, y luego de un concienzudo análisis sobre la viabilidad del reclamo en virtud de los hechos ocurridos con este que fuera paciente, podrá ir contra los solidariamente responsables (llámese médico, obra social, prepaga, hospital, clínica y/seguro) ya sea Mediando o en Juicio, para lo cual no está demás recordar que existen por ley **3 AÑOS** (DESDE AGOSTO DE 2015 QUE SE MODIFICÓ CÓDIGO CIVIL) DESDE LA OCURRENCIA DEL HECHO, O MOMENTO EN QUE SE TOMÓ CONOCIMIENTO DEL ERROR MÉDICO, PARA LLEVAR A CABO EL RECLAMO. (***Prescripción)***

Frente a todo lo expuesto, se observara, que el Consentimiento Informado, es un elemento importantísimo para el paciente y para el médico y/o Institución, si los resultados de tal práctica médica no son los esperados por alguno de ambos.

Para terminar, y a pesar de lo enfrentados que nos encontramos los abogados con los médicos con relación a este tópico, esta parte debe decir y reconoce y se enorgullece de la excelencia de Profesionales de la Medicina que existen en nuestro país, quienes en su mayoría día a día, dejan la vida por sus pacientes en la atención brindada. A ellos, muchas gracias.-

## 39.DAÑO PSICOLÓGICO EN MALA PRAXIS

Más allá del daño físico o estético que sufre un paciente al enfrentarse a los resultados nefastos o desagradables de una cirugía estética u orgánica, deberá lidiar además, si tiene las agallas necesarias, con: a) enfrentar una mediación y/o un juicio posterior, b) el daño psicológico que en menor o mayor medida todos sufren.-

Pasar por un proceso de mediación o juicio, para quien no es abogado, supone un estrés que se sumará al trance por el que esté pasando.

Este daño, con entidad propia, distinto del daño físico y/o estético, no solo se pone de relieve cuando el paciente va a la pericia con el psicólogo llegado el momento en el juicio, sino que se encuentra presente en cada momento de su vida, como parte de la secuela por el acto médico negligente o imperito, reflejándose en su estado de ánimo, sus decisiones, su capacidad para discernir, y su recuperación.

De esta manera, el cliente, llega al estudio con una gran carga emocional y psicológica que a modo de mochila, acompaña el daño "principal", el que a mi criterio, podría considerarse accesorio. Este peso extra, le hace aún más difícil manejar o lidiar con los tiempos que manejamos los abogados, las respuestas insólitas de la otra parte, los ofrecimientos descabellados de dinero, la falta de decisión de los requeridos a una mediación por ejemplo, la asistencia de este cliente a una junta médica, o bien enfrentarse a la posibilidad de reoperarse o de seguir un juicio

**Es bien sabido que la otra parte (el médico demandado, la clínica o la compañía de seguros) suele desestimar el impacto psicológico que los pacientes sufren, priorizando lo que se ve (ejemplos; la ceguera, la renguera, la cicatriz), sin embargo, lo que no se ve, en estos casos es peor que lo que le dio origen.**

La víctima de mala praxis se encuentra en la mayoría de los casos con tratamiento psicoterapéutico y algunas veces medicado, angustiado, deprimido, reviviendo cada día, lo que lo trajo al estudio, los resabios de la operación, y conviviendo con una realidad que no eligió, la que muchas veces surge al mirarse al espejo.

El psicólogo o psiquiatra que lo atiende, aconseja en la mayoría de los casos, y a la sazón por el estado del paciente, “terminar o dar un corte al tema judicial”, ya que terminado el tema, el duelo podrá comenzarse, más allá de la decisión del cliente, de continuar el juicio luego de una mediación sin éxito, o seguirlo. Sin embargo, este “corte” sugerido, no siempre es la mejor elección, o no siempre es conveniente para el cliente.
Es en estos casos, donde la contención de este cliente, al abogado le resulta difícil de comprender. No por no saber de la situación que el otro vive, o el daño o tratamiento del cliente, sino por no poder **dimensionar la entidad del mismo,** y no poder adivinar muchas veces qué necesita, qué quiere, qué desea.... y en el camino este cliente no se toman el tiempo para explicarnos concretamente que necesitaba un llamado de teléfono, por ejemplo, o mayores explicaciones, o que no se extendieran los tiempos, etc. No dejan de hacerlo por desidia, sino porque su estado muchas veces no se los permite....lo cual es absolutamente entendible.
En general las comunicaciones del Estudio por una cuestión de tiempo y practicidad se hacen vía chat. Pero también el cliente recibe llamados de teléfono y si lo desean, pueden acercarse personalmente. Pero el trabajo del abogado, no solo es atender al cliente por cualquier medio, sino, elaborar

presentaciones ante los juzgados, ver los expedientes, estudiar los casos, responder a los abogados de la otra parte, asistir a mediaciones, audiencias...y si pasáramos todo el día respondiendo todos los llamados de los clientes, haríamos mala administración del tiempo que necesitamos para las otras actividades de nuestra profesión.

Muchos clientes en esta situación, desean un llamado semanal, o diario, les resulta "frío" el mail, o el chat, querrían ver al abogado más seguido personalmente, o recibir noticias todo el tiempo.

Nos cuesta a veces explicarles los tiempos de la mediación, los que si se extienden son al solo efecto de lograr un acuerdo y evitar años de juicio. Cuesta que comprendan que a veces con la mediación cerrada, los abogados seguimos negociando, y el caso no está "cerrado".

Y muchas veces, logré darme cuenta con el tiempo, no se trata de una cuestión de desconfianza al profesional, sino de la inseguridad interna producto del impacto psicológico que este daño, secuela o incapacidad, les ha dejado, que no les permite ver con tranquilidad, evaluar con criterio y confiar en lo que el profesional les dice.

Se imponen tiempos que en muchos casos no se comprenden, y otras tantas veces desean retirar su documentación o bien hasta deciden cambiar de profesional, haciendo alusión a la no contención de este.

Sin embargo, después de tantos años de profesión, he llegado a una sana conclusión: lo mejor, es contactar al psicólogo que trata a ese cliente y explicarle también a él lo que se está haciendo, los tiempos que llevará, que fin se persigue, y por otra parte que él nos cuente, cómo está de frágil o fuerte nuestro cliente, ponernos a su disposición, y saber de las inquietudes y necesidades del cliente, al menos, para poder darle el trato que éste necesitará, y como ya dije, no saben transmitirnos

Los abogados somos un poco psicólogos, porque debemos una contención extra a ese cliente, y debemos "poner la oreja", escuchar cosas que no siempre hacen a la cuestión jurídica, pero que afectan ampliamente el tema que nos ocupa, y tratar de una forma distinta a este cliente. Pero ¿saben una cosa? No somos psicólogos, somos abogados con la limitación que eso implica: ayúdenos a saber que necesitan para poder dárselos si podemos.

## 40. RESPONSABILIDAD MÉDICA: ¿CÓMO RECLAMO POR MALA PRAXIS?

"No solo no me sentí contenida por el médico que atendió a mi mamá, sino que también por interconsulta con otro medico tengo casi la plena seguridad de que la secuela que le quedó de la operación, fue por falta de este médico, quien olvidó darle cierto medicamento."

Es entonces cuando me veo en una situación que no elegí y en la que no sé como manejarme...que debo hacer?

Frente a la sospecha de una mala actuación médica lo primero que se debe hacer es tener la seguridad de que existió **mala praxis**. De esta manera, como primer paso, deberé pedir la Historia Clínica donde la atendieron. Según el criterio del Sanatorio u Hospital requerirán que el pedido de la misma se efectúe por escrito, y a veces firmado por médico o abogado, y podrán demorar de una semana a 40 días para entregarla, principalmente porque en estos casos al pedir Fotocopia Certificada (es decir que este sellada cada hoja por el médico o director médico del lugar, y además llevar su firma) hace que a veces se justifique la demora, amén de que cada Historia es revisada antes de ser entregada, en mucho de los casos por el Auditor de la institución y a veces hasta por los abogados de la misma.

Si de esta manera no es posible, entonces el abogado pedirá su secuestro judicial, debiendo abrir un pequeño y rápido juicio que tiene por fin únicamente que el juez ordene que un Oficial de la justicia se apersone a la institución a requerirla por la fuerza pública si es necesario. En muchos casos pidiendo la historia clínica completa por carta documento es suficiente para la que institución lo haga.

Con la Historia en mano debemos hacer verla por un Médico Legista (es decir médico preparado en Medicina legal), quien puede merituar en porcentaje la incapacidad que le quedó a la paciente, a la vez que elaborara un informe consciente y completo sobre la existencia de negligencia médica, la viabilidad del reclamo y la prueba que existe para demostrarlo. Ya que no somos médicos sino abogados, y se trata de una cuestión médica con consecuencias jurídicas.

Que pasa si la Historia está adulterada, que también ocurre, bueno, el médico legista se da cuenta en el 80% de los casos y lo pondrá en conocimiento del Abogado especialista con quien trabaja, a fin de que se haga valer posteriormente.

Que pasa si la institución no tiene la Historia, la perdió o no la quiere entregar? En cualquier caso sea el caso de la adulteración o pérdida es un punto muy en contra de aquellos, ya que en juicio una historia inexistente o adulterada implicara presunción para nuestra parte de que lo que decimos en la demanda es cierto, en tanto no podrán probar su descargo de cómo actuaron, porque la documentación fundamental donde se encuentra esa defensa, no está. Incluso hace que la carga de probar el actuar cambie de cabeza del paciente a la clínica y sean ellos quienes deban probar que actuaron bien y no nosotros la falta cometida.

Si la perdieron también son responsables, ya que son ellos quienes ejercen su guarda que obliga por un tiempo mínimo de 15 años su archivo.

Una vez el informe, el abogado de nuestra confianza, que se aconseja tenga experiencia o bien sea especialista en mala praxis, leerá el informe, y arrojando este la negligencia del médico o institución, se lo citará tanto a él como a la clínica, la obra social y el seguro Civil de todos a una Mediación (ley 24573- Capital Federal) a fin de lograr un acuerdo económico que repare al paciente por lo sucedido. Son citados entonces como responsables del acto o actos médicos de los que se le acusan, los médicos intervinientes, la clínica, la obra social si existe y los seguros de todos estos, quienes se presentarán con patrocinio de su abogado. Debemos decir que los Hospitales o instituciones públicas (sean municipales, estatales o provinciales) no tienen obligación de llegar a mediación, es decir, no se los multará como a los demás si no van, sino que la ley los exime. Además de que en general no cuentan con seguro o si, y se trata de agrupaciones de los mismos médicos. Pero el tema se torna más complicado ya que no podremos resolverlo en mediación, deberemos ir a juicio y citar también en ese caso a la comuna, Pcia o Municipalidad.

La mediación no es un ámbito para llevar testigos, presentar pruebas o cualquier otra cosa judicial como se cree, sino que es un espacio de discusión entre profesionales, paciente y los médicos, absolutamente confidencial y que tiene por fin conciliar el tema. Si no tiene éxito entonces se irá a juicio, en cambio si se logra un acuerdo, este tendrá la misma autoridad que una sentencia. *Tiene una duración promedio en caso de acuerdo de seis meses que se contraponen con los cinco o diez años que dure el juicio eventualmente.*

En la mediación los médicos consultores de las partes generalmente concurren a *Junta Médica* con la Historia y a veces con el/la paciente, a fin de determinar con un único criterio si *se trató de mala praxis y ponerse de acuerdo en el porcentual de incapacidad, si lo hay y el tipo de negligencia, para luego elevar tal dictamen a sus abogados y discutir ellos la cifra dineraria a entregar.*

Es interesante recordar que cualquier reclamo de este tipo solo tendrá sentido llevarlo adelante si ha existido daño para el paciente, no solo si hubo

negligencia, ya que lo que se reparará será el daño, no el mal actuar del médico, si esa negligencia existió y perjudicó en más o en menos al paciente, ya sea de forma definitiva o no, absoluta o parcialmente, entonces habrá indemnización, sino no.-
Recordemos que la prescripción es de 3 años, desde **agosto de 2015 con el nuevo Código Civil y Comercial** como ya lo dije anteriormente.
Es importante decir que la jurisdicción, o sea, los tribunales que entiendan en la materia, estará dada por el lugar (Institución) donde se practicó la mala praxis o bien según donde el Seguro de la misma tenga su casa matriz, de esta manera, si la negligencia fue en Tucumán, pero la clínica tiene una de las Cias Aseguradoras que se ocupan del tema, lo más probable es que tenga domicilio en Capital, por lo que el juicio se puede iniciar en Capital perfectamente.

## 41. ABANDONO DE PERSONA Y OMISIÓN DE AUXILIO

Dentro de la Mala praxis médica, o mala práctica o negligente práctica de la medicina, se encuentran las figuras penales, no solo aplicables al ámbito de la salud y de los profesionales médicos, denominadas "Abandono de Persona" y "Omisión de Auxilio".

En realidad, los médicos –y cualquier otro ciudadano- puede entenderse bajo esta figura del Código Penal Argentino, ya sea por acciones u omisiones por las cuales se genera **colocar en peligro a la persona** afectada, independientemente de la futura aparición o no de un daño efectivo o concreto sobre ella (lesión y/o muerte) como consecuencia sobreviniente. De ocurrir esto, corresponde un aumento de la pena ya impuesta por el evento anterior.

El Código Penal de la Nación contempla entonces dos tipos de delitos **distintos** según lo previsto en sus artículos 106 y 108: **Abandono** de persona **y omisión de auxilio** respectivamente. Ambos son **dolosos, es decir, debe existir intención de dañar**, o dicho de otra manera conocer y no actuar. Ninguno enuncia taxativamente "paciente", pero los dos enuncian "**peligro**" como común denominador. En relación directa con la medicina, esto se traduciría en abandono de paciente

**Dice el Art. 106**: *"El que pusiere en* ***peligro*** *la vida o la salud de otro, sea colocándolo en situación de* ***desamparo****, sea* ***abandonando*** *a su suerte a una persona incapaz de valerse y a la que deba mantener o cuidar o a la que el mismo*

*autor haya incapacitado, será reprimido con prisión de seis meses a tres años.*
*La pena será de reclusión o prisión de tres a seis años, si a consecuencia del abandono resultare un grave daño en el cuerpo o en la salud de la víctima.*
*Si ocurriere la muerte, la pena será de tres a diez años de prisión".*
***Art. 108**: "Será reprimido con prisión... o multa..., el que encontrando perdido o desamparado un menor de diez años o a una persona herida o inválida o amenazada de un **peligro** cualquiera, **omitiere** prestarle el auxilio necesario, cuando pudiere hacerlo sin riesgo personal o no diere aviso inmediatamente a la autoridad".*
Es bien claro que estos artículos pretenden la defensa de sujetos en estado de minusvalía e incapacidad, exigiendo un proceder solidario a cualquier integrante de la comunidad, y definiendo una **obligatoriedad** especial para quienes tienen ciertos oficios y profesiones con funciones de protección como policías, guardavidas, enfermeras, bomberos, **médicos**, personal de defensa civil, empleados que realizan tareas de control y seguridad de pasajeros. El estado de minusvalía e incapacidad –basándome en el penalista Fontán Balestra– se da por la pérdida de la aptitud para la auto valía y puede ser determinada por causas intrínsecas del sujeto (minoridad, extrema vejez,

patologías orgánicas o psiquiátricas) o extrínsecas al sujeto (violencias traumáticas, accidentes, intoxicaciones etílicas, adicciones).

Quien en el ejercicio de la profesión, **desamparara o abandona,** negando o no realizando la atención y/o el cuidado necesario que sabemos, deben y pueden brindar, **creando** entonces una **situación de peligro** para la salud o la vida donde queda colocada la persona, esto definiría el delito. La existencia de intencionalidad y de conocimiento de la puesta en peligro por la situación que creamos define el carácter doloso es decir, la intención. Si consecuentemente a la situación de peligro creada ocurre como resultado agregado lesiones o muerte, sigue siendo doloso y corresponderá más pena según nuestro Código.

En la **negligencia** –carácter culposo– no existe intencionalidad para causar lesiones o muerte, aunque tenemos conocimiento de que con la actitud negligente puedan llegar a suceder. Se confía en que no suceda lo que se sabe que podría suceder, pero dicha figura penal nada incluye sobre creación y colocación de situación de peligro, sino causar lesiones (Art. 94 Código Penal) o muerte (Art.84 Código Penal).

En la **omisión de auxilio,** los médicos **no crean** la situación de peligro **ni** se **coloca** en ella a la persona, sino que la encuentran en la situación de

peligro ya instalada y, **sin** riesgo personal, **no se brinda** el auxilio **necesario**. Se entiende por necesario que la **calidad** del auxilio a prestar debe ser la suficiente para solucionar o evitar el peligro existente, y conforme a las circunstancias de medios, tiempo, modo y lugar. Los médicos son una **autoridad** para la ley, dada su función y la obligación legal de atención impuesta por la Ley 17.132, artículo 19, inciso 2°; pero cuando existe riesgo personal para la prestación del auxilio también deben avisar y solicitar colaboración a la **autoridad** (personal policial o de bomberos), para poder actuar según el caso (excitación psicomotriz severa, lesionados en accidentes diversos y en sitios o situaciones de difícil acceso).
Fuera de estas situaciones de peligro amenazante, obviamente **también** se **omite auxilio** cuando encontramos personas heridas o inválidas y no se lo brindamos. Debe considerarse como herido o inválido a menores o personas enfermas o lesionadas que estén imposibilitadas de auto procurarse auxilio o auto valerse.
Ahora bien, determinadas formas de omitir auxilio pueden posteriormente llegar a relacionarse con los previstos en el abandono de persona. No es infrecuente que las demandas incluyan **conjuntamente** imputaciones por ambos delitos.

*Omisión de auxilio* es la infracción que comete el médico que es llamado y que se niega, sin justa causa a prestar sus servicios.

Abogados y médicos debemos estar preparados para enfrentar esta nueva época en que nos toca actuar: los abogados, siendo custodios de la legítima defensa de los intereses comunes, y los médicos actuando con un alto grado de profesionalismo y responsabilidad, dando todo, pero sin arriesgar nada.

Cabe enfatizar que indudablemente pesa sobre el médico el deber -legal, moral y ético- de prestar asistencia a un enfermo grave o urgente, prestación que, en principio, no admite condicionamiento alguno y, mucho menos, de orden formal o material. Este deber de carácter imperativo, reconoce inicialmente una fuente de rango legal: el Código Civil en su Art. 1074 el cual sanciona toda conducta omisiva que resulte perjudicial a otro en la medida que una disposición legal ordene la actividad omitida

Por otro lado **el artículo 106 es de aplicación compleja a los profesionales de la salud, porque es difícil pensar que un profesional pueda actuar con dolo, con la posibilidad de prever la muerte de un paciente, y sin embargo no hacer nada y dejarlo librado a su suerte".**

Si bien en rigor no es así, en el sentido de que ningún médico quiere la muerte de persona alguna, mucho menos de su paciente, o alguien llegado a la Institución (particularmente o a través de prepaga u Obra social) en estado de gravedad, existen situaciones donde quien (por ej. En angustiante estado hemorrágico vaginal en trabajo de aborto) se llegan a las clínicas y hospitales, y debiendo esperar dos o tres horas finalmente no son atendidos y se vuelven a sus hogares, donde en algunos casos y de existir foco, se produce una infección o secuelas más importantes, a veces no con la consecuencia de muerte.
Es también común en emergentología o en las guardias médicas o bien los especialistas que abandonan a pacientes en tratamiento, (cualquiera fuere este) y también es común situaciones donde abogados inescrupulosos, pretenden perseguir al médico con una figura penal que muchas de las tantas veces no es de aplicación...
También debo decir, que el médico es injustamente acusado de omitir auxilio en circunstancias donde pondría en riesgo su vida, y esto tampoco redundaría en el fin de las normas y el derecho LATU sensu, sino más bien, en olvidar que tal profesional no es un ser alado sino un médico. Es recordado el caso de la médica del Same que queriendo rescatar en un incendio una mujer en un

15ª piso, solo llego al cuarto y fue juzgada, a mi parecer erróneamente, por abandono de persona.
Las situaciones existen y estará en cada profesional médico y abogado llevar a cabo lo más responsablemente su profesión a fin de no aplicar desacertadamente tales figuras penales.

## 42.NEGLIGENCIA MÉDICA: LEY DEL PERDÓN o LEY DEL IM SORRY

Que sucederia si el médico pudiera reconocer su error con el paciente o la familia? Que sucederia si con esto se evitaran demandas, juicios, y erogaciones millonarias del sistema médico, los médicos y sus compañías aseguradoras?

La resistencia a reconocer y confesar los errores y descuidos es parte de las flaquezas éticas heredadas del pasado, de cuando los médicos no se equivocaban nunca, de cuando eran considerados dioses.
En esa resistencia pesa mucho, ciertamente, el temor a las denuncias. Pero olvidos, omisiones, faltas de puntualidad o de destreza técnica que nunca darán lugar a querellas judiciales; en realidad, no se confiesan por la mezcla de celo excesivo por la propia imagen, la falta de humildad, el hábito de ocultar la verdad a los pacientes,

defectos que, en grado mayor o menor, todos padecemos. Lo malo es que eso nos hace cómplices de nuestras deficiencias y nos autoriza a seguir siendo impuntuales o desatentos.

La conducta "impenitente" no durará mucho. **Se abre camino, trabajosa pero inexorablemente, la nueva cultura del error médico: ante el paciente, decir la verdad, confesar el error, pedir perdón. Se afirma que esa conducta es terapéutica: restaura la relación médico-paciente dañada y refuerza la que ya iba bien: consolida el respeto y la confianza mutuos.** Un médico, una enfermera, que quiera estar al día ha de conocer las bases teóricas y aprender los modos prácticos de la nueva ética de la sinceridad y la enmienda

La ley del Im Sorry es aplicada en algunos países del mundo, Gran Bretaña, Hong Kong 39 estados de Estados Unidos desde hace casi 20 años. Es por ello, que, ante el creciente número de demandas realizadas por pacientes en los primeros años del siglo XXI en Usa, esos estados empezaron a aplicar esta ley. Estas leyes promueven la declaración de los errores médicos sin que este hecho sea una prueba de culpabilidad. De este modo, se disminuye el miedo a una futura demanda legal, lo que permite

que los profesionales sigan empatizando con sus pacientes.
Si hablamos de Estados Unidos, aunque se ha ido aplicando de manera gradual en función de cada estado, en Colorado está en vigor desde el año 2000. En este estado, de un total de 3.200 casos que fueron denunciados ante las autoridades hospitalarias en el año 2013, solo 800 (un 25 por ciento) acabaron con una compensación económica para el paciente, de ese 25 por ciento, sólo 7 de ellos interpusieron una demanda que acabó en una condena a dos profesionales.
De los 2.400 casos que quedaron sin ser indemnizados, sólo 16 pacientes acudieron a los tribunales y de ellos solamente 6 obtuvieron una compensación económica. Por lo que, Colorado, uno de los estados que aplica las leyes 'I'm sorry' ha demostrado con los años que funcionan. **Si un paciente se siente reconfortado con una disculpa de su médico, denuncia menos y, si lo hace, el profesional está amparado para no ser juzgado por ello.**
Este método alternativo de reparación del daño tiene especial interés por aquellas necesidades de las víctimas que no son atendidas adecuadamente por los actuales sistemas judiciales, ya que es frecuente que las víctimas se sientan ignoradas, abandonadas e incluso hasta atropelladas por los

procesos judiciales, donde no se les escucha sobre qué reparación del daño prefieren, pues no siempre la compensación económica cumple su prevista función reparadora. En este sentido, la justicia restaurativa se centra en la fuente del daño, parte de una preocupación por las víctimas y sus necesidades, procurando reparar el daño tanto de una manera concreta, mediante una indemnización por el perjuicio causado, como también de una forma simbólica, mediante la obligación de solicitar el perdón a la víctima, pues está más que probado que ello ayuda a estas a superar mejor el dolor por el daño sufrido.

No todos mis colegas creen interesante evitar juicios y hacer prevención, muchos creen que eso los dejará sin trabajo, lo cual es verdaderamente insólito y poco empático. El abogado debe trabajar para la justicia, y no hay justicia si nos regocijamos con el daño del paciente y su familia pudiendo evitarla...

Yo creo que cambiaría el rol del abogado en nuestro país, si esta ley pudiera imponerse en Argentina, y con esto el rol de todos en esta dinámica de compensación y disculpas. Habría menos juicios, los tribunales trabajarian en otros casos, y la gente no esperaría 10 años (más menos) para cobrar una indemnización, y más aún, habría compensaciones justas y a tiempo, porque las que otorgan los tribunales hoy son extemporáneas.

---

*Que tan importante y loco seria que el paciente y su familia sea llevado a una sala en la institución médica por parte del director o abogado de la Clínica, su Cía aseguradora y el médico presente le diga: - Estimado, lamento informarle que en su última cirugía cometí un error y debo repararlo, le pido perdón, y haré lo mejor si me permite que lo repare o tal vez ud quiera una reparación económica, acá está nuestra cía aseguradora y nuestro abogado-*

---

El gran especialista neoyorkino en negligencias médicas, GEORGE TURNER, señala que "Las víctimas de la negligencia médica suelen sentir que el profesional médico no se comunicó con ellos de la manera apropiada. Si tales actos de la mala práctica han sido tratados con sincera disculpa y el respeto, entonces muy a menudo su resultado sin duda puede ser minimizado. Los Pacientes que sufren de la mala práctica a menudo sienten que si los profesionales de la medicina admiten el hecho y piden perdón, entonces se puede pensar en no presentar una demanda de malas prácticas médicas en su contra. Los actos de las malas prácticas médicas serias que pretenden ser ignorados pueden tener mayores consecuencias, pues cuando el profesional de la medicina sabe que cometió un acto de negligencia y aun así decide esconderse de la víctima, entonces estas cosas pueden resultar muy malas para la salud de la víctima. Por lo tanto, siempre es bueno para el profesional de la medicina llegar a un acuerdo y disculparse con el paciente ya que esto permitirá que el paciente sepa que lo que pasó fue sólo un accidente y decide no ir a la presentación de la demanda en contra de ellos".

Y coincido absolutamente con Turner dado que en la práctica de los 25 años que tengo defendiendo víctimas, lo que he visto, cómo siempre digo en mis charlas, es que el paciente que se siente contenido y bien tratado no suele demandar al médico aunque éste hubiera cometido negligencia médica con el.

**El medico no esta preparado para pedir perdón, y la sociedad (argentina) tampoco para que un médico lo haga. Desde el punto de vista social la percepción sería de baja reputación para ese profesional, y para el médico de repudio. NO estamos preparados para escuchar al médico fuera de sus ateneos con colegas diga que cometió un error. Somos seres humanos: cometemos errores. El tema es que hacemos frente a ese**

**error, eso nos revela como seres humanos, no el error.** De nadie se espera perfección, entonces, porque los médicos debieran ser perfectos? Reconocer el error frente al paciente y/o su familia.

## PEDIR PERDÓN:

Según el estudio, publicado en el número de mayo 2016 de la revista Negotiation and Conflict Management Research, la disculpa perfecta contiene seis elementos clave: una expresión de pesar, una explicación de lo sucedido, un reconocimiento de la responsabilidad, una declaración de arrepentimiento, una oferta de reparación y una solicitud de perdón.

Los investigadores aseguran que mientras más de estos elementos haya en la disculpa, mayor será la probabilidad de recibir el perdón, aunque han explicado que reconocer y aceptar la responsabilidad de parte de lo que se ha hecho es, de lejos, el factor más importante.

El segundo factor más importante fue, según sus resultados, el proponer una oferta de reparación. El principal autor del estudio, el investigador de la Escuela de Negocios Fisher Roy Lewicki, ha explicado en un comunicado que “hablar es gratis”, pero “decir que se va a arreglar lo que se ha hecho mal, implica el compromiso de tomar medidas para reparar el daño causado".

Para llegar a estas conclusiones Lewicki y su equipo realizaron dos experimentos. El primero con 333 adultos y el segundo con 422 estudiantes universitarios. En ambos casos, se les pidió que calificaran, en una escala numérica, lo efectivas, creíbles y adecuadas que eran una serie de disculpas creadas en una situación ficticia.
Los resultados de ambos experimentos revelaron que, en general, cuantos más elementos de la lista se incluían, más efectiva era la disculpa. Además, ambos estudios coincidieron en que pedir perdón es el aspecto menos importante, mientras que la aceptación de la responsabilidad fue, con diferencia, el más relevante.
Aún así, los autores reconocen que el estudio tiene una limitación importante, y es que los experimentos sólo consistían en leer unas declaraciones de disculpa, por lo que no se tuvo en cuenta algo tan importante como lenguaje corporal y las emociones inherentes a las disculpas verbales.
Los médicos suelen recordar, con una claridad sorprendente, el momento en que el tratamiento de un paciente salió mal. Después de un evento

adverso, los médicos a menudo son atormentados por deseos competitivos de disculparse e instintos de seguir adelante sin reconocimiento. La decisión de un paciente de presentar una acción por negligencia médica puede ser provocada por la respuesta del médico a un problema, o por la falta del mismo.
El Washington Post destacó historias contrastantes de errores médicos en los que dos pacientes sufrieron consecuencias devastadoras durante la cirugía. Frustrada por un "muro blanco de silencio" que impide que sus proveedores de atención médica articulen más que "'las cosas no salieron bien'", el primer paciente se comprometió desesperadamente a encontrar la verdad a toda costa. En marcado contraste, tras la explicación inmediata y la disculpa de su cirujano por un error que hizo que el segundo paciente fuera tetrapléjico, el paciente entabló conversaciones productivas con los gestores de riesgos. Se cubrieron las necesidades del paciente y sus abogados negociaron un acuerdo confidencial sin litigios.

## Beneficios de las disculpas

Las disculpas pueden disminuir los sentimientos de frustración y enojo que llevan a algunos demandantes a presentar demandas. Un estudio publicado en el Journal of Patient Safety and Risk Management encontró que el personal del hospital y los médicos dispuestos a discutir, disculparse y resolver eventos médicos adversos a través de un "programa de resolución de comunicación colaborativa" experimentaron una disminución significativa en la presentación de reclamos legales, costos de defensa , costos de responsabilidad y tiempo requerido para cerrar casos. En el 65% de los eventos adversos informados, no se produjeron errores médicos. Los eventos con errores médicos se resolvieron solo con disculpas en el 43% de los casos. Programas similares han reducido el número de demandas por negligencia y han generado ahorros dramáticos en los costos de litigios. En noviembre de 2017, en consonancia con los estudios que demuestran que los programas de resolución brindan "una forma efectiva de aprender de los errores médicos y las fallas cercanas, mejorar la seguridad del paciente y mejorar el sistema de responsabilidad", la Asociación Médica Americana expresó su apoyo a esta opción previa al litigio.

La práctica de la medicina defensiva puede crear una percepción de indiferencia a medida que los pacientes lidian con el impacto de los resultados adversos. El "modelo de" negar y defender "ha suscitado preocupaciones debido a los gastos, la falta de transparencia y la perpetuación de errores.

Los programas modernos apuntan a evitar litigios mediante la divulgación inmediata de errores, disculpas y compensaciones. Los beneficios de la divulgación pueden incluir una mayor transparencia, cultivos médicos que apoyan a los médicos que enfrentan eventos adversos y una mayor seguridad del paciente debido a las discusiones impulsadas por el reconocimiento y el examen de errores.
Los " estatutos de disculpa ", promulgados en la mayoría de los estados, evidencian los esfuerzos legislativos para reducir la responsabilidad médica, las acciones por negligencia y los gastos relacionados con los litigios. Muchos estados han cambiado las leyes "para excluir expresiones de simpatía, condolencias y disculpas contra los profesionales médicos en los tribunales". Los tribunales han abordado la admisibilidad de las declaraciones de los médicos, de conformidad con los estatutos de "Lo siento", mediante la interpretación del lenguaje legal o un enfoque en las distinciones entre "disculpas" y "admisiones de culpa o responsabilidad". Ver Stewart v. Vivian , 151 Ohio St. 3d 574 (2017); DeBussy v. Graybeal , 2016 Del. Super. LEXIS 616; Honey v. Bayhealth Med. Ctr., Inc. , 2015 Del. Super. LEXIS 28; Strout v. Cent. Yo. Medicina. Ctr. , 2014 ME 77; y Lawrence v. Mountain Star Healthcare , 2014 UT App. 40)

## Consejo del abogado

Si bien los médicos pueden reducir los litigios por negligencia médica a través de una mejor comunicación con el paciente , los proveedores de atención médica deben buscar el consejo de un abogado sobre las mejores prácticas con respecto a las discusiones sobre los resultados adversos antes de que surjan tales situaciones. Alternativamente, un médico puede disculparse por la decepción del paciente con un resultado y comprometerse a investigar en un esfuerzo por compartir y abordar las preocupaciones del paciente. Por supuesto, cualquier compromiso de este tipo debe cumplirse para evitar exacerbar el problema y crear más resentimiento e insatisfacción.

Los estudios de los programas de comunicación y resolución sugieren que el riesgo de litigios por negligencia y los costos relacionados pueden ser mitigados por las disculpas de un proveedor de atención médica al paciente o al representante (s) del paciente luego de un error médico o un resultado adverso. Dichas comunicaciones, sin embargo, deben tener en cuenta las variaciones jurisdiccionales con respecto a la existencia, el lenguaje y el alcance de las leyes de disculpas.

## El caso

A continuación cito el artículo de Thomas H. Gallagher, MD Profesor Asociado, Departamentos de Medicina y Bioética y Humanidades-Universidad de Washington

Un niño sano de 4 años se presentó en un departamento de emergencias (DE) con 3 días de vómitos asociados con letargo y fiebre. Había estado expuesto a otro niño con faringitis estreptocócica (faringitis estreptocócica) la semana anterior, pero por lo demás había estado bien hasta que comenzaron los síntomas. Recibió una evaluación completa en el ED. Se descubrió que tenía fiebre baja y tenía un poco de sueño con algo de enrojecimiento en la garganta. Las pruebas de laboratorio no fueron notables y el radiólogo informó que la tomografía computarizada (TC) de la cabeza era normal. Una prueba rápida para la faringitis estreptocócica fue positiva.

El niño fue ingresado en el hospital para recibir atención continua y se le administró hidratación intravenosa y antibióticos. Durante las siguientes 24 horas, el niño se volvió cada vez más confundido, desorientado y letárgico. A la mañana siguiente, su estado empeoró y tuvo un paro respiratorio. Lo colocaron en un ventilador y lo transfirieron a la unidad de cuidados intensivos (UCI).

En la UCI, se observó que tenía pupilas fijas y dilatadas en el examen neurológico, un signo de lesión neurológica grave. Una repetición de la tomografía computarizada del cerebro reveló edema cerebral severo (inflamación del cerebro) con evidencia de hernia del cerebro a través de la base del cráneo.

Fue trasladado de este hospital a un centro de atención terciaria para su gestión continua. En el centro de atención terciaria, el niño fue evaluado por equipos de neurología y neurocirugía. Pruebas posteriores revelaron un diagnóstico de trombosis de seno venoso (coágulos de sangre en las venas del cerebro), que habían provocado edema y hernia. Desafortunadamente, el daño cerebral estaba demasiado avanzado y se determinó que el niño no tenía ninguna posibilidad de sobrevivir.

Como parte de su evaluación de rutina, la neurología, los equipos de neurocirugía y los radiólogos del centro de atención terciaria revisaron la tomografía computarizada que se había realizado en el servicio de urgencias original. Aunque los hallazgos fueron sutiles, descubrieron que la exploración no era normal (como se había informado), pero demostró evidencia clara de edema cerebral. El hospital inicial no había reconocido estos hallazgos y, por lo tanto, no había seguido analizando la causa, lo que habría sido indicado. Los equipos de neurología y neurocirugía pensaron que si la inflamación del cerebro hubiera sido reconocida en ese momento, el niño podría haber sido transferido antes, haber recibido tratamiento quirúrgico y podría haber sobrevivido.

Cuando quedó claro que el niño no podía sobrevivir, los pediatras se reunieron con la madre y el padre para explicarles que su hijo tenía muerte cerebral. Enojados y molestos, los padres preguntaron repetidamente: "¿Cómo pudo suceder esto? ¿Cómo pudo la tomografía computarizada haber sido normal y luego haber sido tan mala en menos de 48 horas?"

Debido a preocupaciones de responsabilidad legal, la administración del hospital y el departamento de gestión de riesgos del hospital de atención terciaria habían dado instrucciones a los médicos y otros proveedores para que no revelaran la interpretación errónea de la tomografía computarizada original. De hecho, se les indicó que no comentaran sobre la atención brindada por el hospital inicial de ninguna manera. Por lo tanto, a los padres nunca se les dijo que se había cometido un error que pudo haber contribuido a la muerte de su hijo.

## El comentario

Pocas conversaciones generan tanto miedo en los corazones de los médicos como hablar con los pacientes sobre errores médicos. Los trabajadores de la salud prefieren ser abiertos con los pacientes, pero encuentran que el proceso de revelar errores es extremadamente desafiante, especialmente cuando perciben que otra persona puede haber sido el principal responsable del error. Como resultado, los pacientes y las familias a menudo aprenden poco sobre eventos trágicos como el error en este caso.

Durante la última década, han surgido avances considerables en torno a la divulgación de errores. Primero, importantes estándares y pautas han sido desarrollados por organizaciones como el National Quality Forum y el Institute for Healthcare Improvement. Segundo, la investigación ha explorado las preferencias de divulgación de los pacientes; Los resultados enfatizan que los pacientes quieren aprender sobre los errores dañinos que han ocurrido en su cuidado. Finalmente, la evidencia emergente muestra que una combinación de programas de divulgación y ofertas tempranas de compensación monetaria puede ayudar a resolver de manera eficiente y productiva los casos desafiantes que involucran errores.

A pesar de estos avances críticos, los estudios también documentan una brecha sustancial entre el deseo de divulgación de los pacientes y nuestra capacidad como médicos para cumplir con estas expectativas. Esta brecha refleja las principales preguntas sin respuesta sobre la mejor manera de comunicarse con los pacientes sobre errores dañinos.

La justificación que favorece la divulgación es sólida. Los pacientes claramente quieren que se divulguen los errores dañinos. Además, la divulgación de errores médicos a los pacientes tiene varios beneficios. La divulgación permite a los pacientes tomar decisiones informadas sobre la atención médica. Por supuesto, el hecho de que el paciente haya fallecido no significa que la información divulgada ya no sea relevante para la toma de decisiones en torno al evento. Esta familia puede buscar una compensación, y la información de que la muerte del niño fue potencialmente prevenible sería importante. La divulgación también es un componente importante de decir la verdad y demuestra respeto por la autonomía del paciente. Si bien algunos han argumentado que, en ocasiones, la divulgación limitada puede ser en beneficio de los pacientes al disminuir su ansiedad por un error o preservar su confianza en la competencia de sus médicos, tal "engaño benevolente representa una violación significativa de nuestra obligación profesional de ser sinceros con pacientes y sus familias ".

Si bien el proceso de divulgación es complejo y debe adaptarse a las necesidades de cada paciente, varios principios clave pueden servir como guías para ayudar a los médicos a planificar estas conversaciones desafiantes ( **Tabla más abajo ).

En este caso, los trabajadores de la salud en el centro de atención terciaria permanecieron en silencio ante la oportunidad de divulgar. Pero estos padres ciertamente querrían una explicación. Este caso resalta dos cuestiones importantes, a saber, cómo hablar con un paciente o familia cuando el error ocurrió en otro lugar y cuando hay incertidumbre sobre lo que sucedió.

Este caso se complica por el hecho de que los médicos reveladores no son los médicos que cometieron el error. Si bien la investigación sobre divulgación ha proliferado, poca información empírica aborda las actitudes de los trabajadores de la salud sobre hablar con los pacientes sobre los errores de otros trabajadores de la salud. Sin embargo, existe evidencia que confirma la renuencia de los médicos a hablar críticamente de otros proveedores. En una encuesta reciente realizada a 1900 médicos de EE. UU., El 17% tenía conocimiento personal directo de un colega médico que es incapaz de practicar la medicina, y solo el 67% había denunciado a este colega ante las autoridades. Reticencia para impugnar la atención prestada por otra atención médica. El trabajador parece tener raíces de larga data. La edición de 1927 del Libro de escritorio de la Clínica Mayo señala que "se debe tener mucho cuidado de que las opiniones de otros hombres en la clínica o de los médicos en el hogar no sean menospreciadas por la palabra o la apariencia. Una palabra caída en la conversación puede alterar por completo la confianza en la opinión dada por otro consultor ". El Dr. William J. Mayo, en un memorándum de 1930, enfatizó aún más la delicadeza de estas conversaciones:" Si quiere llamar mentiroso y ladrón a un hombre, no lo escriba, ve a verlo y díselo en persona, pero asegúrate de que puedas correr más rápido que él ". El concepto de medicina como autorregulador es fundamental para nuestras nociones de profesionalismo. Sin embargo, desde una edad temprana estamos socializados para no "criticar", y somos reacios a criticar abiertamente o vigilar a nuestros colegas.

Las consideraciones de poder e interés propio también complican estas situaciones. Especialmente cuando la persona que está considerando revelar un error está subordinada al médico que cometió el error, pueden surgir temores de represalias. Un proveedor también puede elegir una divulgación limitada, con la esperanza de que nuestros colegas que podrían estar involucrados en un caso futuro en el que cometimos un error muestran una discreción similar.

Como en muchos casos médicos complejos, este caso tiene numerosas dimensiones de incertidumbre, lo que dificulta saber si se produjo un error y si ese error perjudicó al paciente. ¿Los radiólogos iniciales se perdieron el edema cerebral que cualquier radiólogo competente habría notado, o fue este edema solo visible en retrospectiva, o por los expertos más especializados en el sitio de referencia? ¿El diagnóstico temprano habría mejorado el resultado de este niño? ¿Qué información estaba disponible para los médicos iniciales en el momento en que se tomaron decisiones específicas?

La presencia de múltiples incógnitas puede llevar a los médicos reveladores a especular sobre la atención brindada en el hospital de referencia. Al comunicarse con los padres, pueden implicar que se cometió un error y que no habrían cometido un error similar. La especulación de esta naturaleza puede tener desventajas significativas. Si los padres concluyen que la muerte podría haberse evitado, esta duda los acompañará para siempre, independientemente de lo que determine una revisión formal. Incluso las frases que suenan inocuas, como por ejemplo: "Puede consultar con el primer hospital sobre la lectura final de la tomografía computarizada" podrían ser interpretadas por los padres como una declaración definitiva de que la atención fue deficiente.

Los desafíos presentados en este caso reflejan una cultura desactualizada en torno a la divulgación. La divulgación se ha visto tradicionalmente como una conversación entre un médico individual y su paciente, discutiendo un error del que ese mismo médico fue responsable. Sin embargo, cometemos errores como *equipos de* atención médica y, por lo tanto, debemos considerar cómo divulgar equipo. Además, el cuidado de la salud a menudo es brindado por varias instituciones, por lo que el "equipo" debe concebirse de manera más amplia para incluir a todos los proveedores que han interactuado con el paciente.

Por lo tanto, en los casos en que se produjo un error potencial bajo otros proveedores, el primer paso crítico es que los médicos que lo aceptan hablen directamente con los proveedores de atención de referencia; colectivamente, todos forman parte del mismo equipo de atención médica para ese paciente. Estas discusiones requieren una planificación cuidadosa con especialistas en calidad y gestión de riesgos en ambos hospitales. Si bien las conversaciones con otros médicos sobre posibles problemas con la atención brindada pueden ser muy difíciles, una discusión reflexiva con los médicos del hospital de referencia es fundamental para comenzar un análisis de causa raíz para determinar si se produjeron errores.

Idealmente, lo que seguiría sería un proceso formal entre las dos organizaciones involucradas en torno a la investigación y divulgación de eventos. Tal enfoque de colaboración mejoraría el proceso de análisis de causa raíz, ya que la adición de múltiples perspectivas a menudo revela información nueva e importante. Además, si se determinara que se produjo un error, un enfoque colaborativo de divulgación, en el que tanto los médicos que remitieron como los que aceptaron conversaron con los padres sobre lo sucedido, reduciría la falta de comunicación, especialmente aquellos relacionados con la prevención de la muerte del niño, que puede resultar fácilmente de discusiones separadas.

Por supuesto, existen barreras importantes para este enfoque colaborativo. Primero, existen intereses financieros divergentes de las aseguradoras de negligencia que estarían involucradas. Además, los médicos en el hospital de referencia podrían preocuparse de que su presencia en una conversación de divulgación con esta familia pudiera cuestionar la calidad de la atención que habían brindado. La planificación cuidadosa de estas conversaciones puede minimizar estas preocupaciones. Varios proyectos en curso, financiados por la cartera de subvenciones de la Agencia para la Investigación y Calidad de la Atención Médica (AHRQ) y la Reforma de Responsabilidad Médica del Paciente, están probando dichos enfoques de colaboración.

En el escenario más directo, en el que hubo un consenso de que la lectura de radiología inicial fue errónea y que las posibilidades de mejorar el resultado del paciente habrían sido mucho mayores si no se hubiera producido el retraso en el diagnóstico, los médicos del hospital inicial tomarían la idea de hablar con los padres sobre lo que pasó. Los pacientes claramente quieren escuchar sobre los errores dañinos del proveedor involucrado. La inclusión de los médicos en el hospital inicial también les permite a esos médicos asumir la responsabilidad y disculparse, promoviendo la curación psicológica para ambas partes.

La situación se vuelve más complicada si todos están de acuerdo en que hubo un error nocivo claro, pero los médicos del hospital de referencia decidieron no revelarlo a los padres. En tal situación, ¿deberían los médicos que aceptan compartir sus creencias directamente con la familia sobre los problemas de atención en el hospital de referencia?

Todavía no hay consenso sobre qué situaciones merecen la divulgación obligatoria del error de otro profesional de la salud. Uno puede imaginar situaciones clínicas en las cuales la justificación para la divulgación obligatoria del error de otro trabajador de la salud sería alta, como cuando la información permitiría al paciente evitar daños futuros significativos. Sin embargo, para situaciones como este caso, todavía no existe un estándar claro. Una realización práctica importante que emerge del trabajo en curso en la divulgación es que dejar las decisiones de divulgación completamente a la discreción de los médicos involucrados puede ser problemático. Las fuertes presiones psicológicas que acompañan a estos eventos (no querer admitir un error) pueden sesgar la toma de decisiones de los médicos más reflexivos, lo que lleva a conclusiones erróneas sobre si estos eventos deben ser revelados y cómo.

Idealmente, las organizaciones tendrían un tercero neutral (como un comité de ética) que considere los casos que involucren desacuerdos entre los proveedores acerca de si debe realizarse la divulgación y cómo, y haga recomendaciones vinculantes. Dichas recomendaciones reconocen que la divulgación es fundamentalmente una responsabilidad institucional, no el dominio exclusivo del médico tratante. Adoptar un enfoque institucional para los casos complejos que implican comunicarse con los pacientes sobre el error de otro profesional de la salud puede ayudar a garantizar que estas conversaciones desafiantes pero importantes sucedan con mayor frecuencia y de una manera que satisfaga las necesidades del paciente y la familia.

En el caso discutido, los dos hospitales deberían haber tenido un diálogo abierto sobre el caso. Si determinaron que ocurrió un error claro, los proveedores deberían haber encontrado una manera de revelar el error abierta y honestamente a los padres. Este resultado habría sido ético, colaborativo y centrado en el paciente. Conclusiones:

- Aunque los pacientes prefieren escuchar sobre errores médicos en su atención, los proveedores a menudo no divulgan.

- La divulgación clara de los errores médicos es ética, respeta la autonomía del paciente y puede permitir una toma de decisiones mejor informada.
- Si otros proveedores han cometido un error, las estrategias óptimas implican una colaboración total en la investigación de errores y la divulgación conjunta si ocurriera un error.
- Los hospitales deben considerar instituir políticas de divulgación y utilizar un tercero neutral, como un comité de ética, para mediar en los casos de divulgación más desafiantes.

**TABLA:

| **1. Prepárate** |
| --- |
| • Revise el evento, con los miembros del equipo según corresponda, para familiarizarse con la información relevante. |
| • Anticipe la respuesta emocional del paciente y planifique cómo responderá empáticamente. |

| • Considere si un sustituto o miembro de la familia debe estar presente |
| --- |
| • Anticipe las posibles preguntas del paciente. |
| • Considere ensayar la discusión con un entrenador de divulgación, si está disponible. |
| • Considere incluir uno o más miembros del equipo en la discusión con el paciente. |
| • Reconozca que es probable que sea uno de una serie de discusiones con el paciente sobre el evento. |
| • Considere sus propios sentimientos y busque apoyo según sea necesario. |
| **2. Prepara el escenario** |

| • Apague / cierre la sesión de buscapersonas y teléfonos, si es posible |
|---|
| • Encuentre una habitación privada adecuada |
| • Siéntate |
| • Describa el propósito de la conversación. |
| **3. Escucha y empatiza** |
| • Evaluar la comprensión del paciente de lo que sucedió. |
| • Identificar las preocupaciones clave del paciente. |
| • Escuche activamente al paciente. |

| • Reconocer y validar los sentimientos del paciente. |
|---|
| (Use estas mismas habilidades con la familia, si está presente) |
| **4. Explique los hechos.** |
| *¿Qué pasó?* |
| • Identificar el evento adverso temprano en la divulgación |
| • Explicar lo que sucedió de una manera fácil de entender. |
| • Explicar lo que se sabe acerca de por qué ocurrió el evento adverso; no especules |
| • Informar al paciente si el evento adverso fue prevenible |

| *¿Cuáles son las consecuencias?* |
|---|
| • Informar al paciente cómo se tratará o manejará el evento. |
| • Dígale al paciente cómo el evento puede afectar su atención médica a largo plazo y qué se hará para cuidarlo ahora. |
| **5. Disculparse** |
| • Pida disculpas por el evento adverso de manera sincera al principio de la conversación. |
| **6. responsabilidad** |
| • Explica tu papel en el evento |

| • Evite culpar a otros o al "sistema" |
|---|
| • Si el evento fue evitable (debido a un error), |
| o Considere usar la palabra "error" o "error", después de consultar con un entrenador de divulgación o gerente de riesgos |
| o decirle al paciente lo que debería haber sucedido |
| o Dígale al paciente qué se hará de manera diferente para que las recurrencias sean menos probables, o que se desarrollará un plan para prevenirlas. |
| **7. Cerrar la discusión** |
| • Discuta los próximos pasos y planifique una conversación de seguimiento. |

| |
|---|
| • Pregúntele al paciente si tiene alguna pregunta final y brindele respuestas. |
| • Designar a una persona de contacto que el paciente y la familia puedan contactar con preguntas o inquietudes |

## 43. LITIGIOSIDAD INDEBIDA En Mala Praxis Médica

Este término es tanto lo que lo escucho, casi diariamente por parte de médicos y abogados de médicos, así como todos sus postulados en contra de la Mala praxis, que se me ha dado por rebatirlos todos en esta nota, para explicarlos mejor y por fin dar por tierra con todos.

1) La ***litigiosidad indebida***, teóricamente es aquel litigio (juicio) que se lleva a cabo indebidamente (dentro de la órbita de la mala praxis médica, según los médicos se refieren) Cuando será indebida? Cuando el reclamo sea injusto, mal llevado (por el abogado, por Ej. ignorante de la materia) cuando no haya negligencia médica derivada en un daño indemnizable, y/o cuando un abogado inescrupuloso lleve a un cliente (víctima eventual de mala praxis) a un litigio para

ganarlo, a pesar de *haber inventado* la secuela o patología existente del paciente...

Por tanto, si coinciden conmigo, no están en contra del paciente, tampoco evalúan por que llegó a un abogado, o que tipo de patología o error y si se cometió, sino que están en contra de litigar sin sentido contra el médico....Yo también estoy en desacuerdo en ese sentido

Este no es todo el origen de los reclamos por mala praxis, será una parte, suponer que es el total, es suponer que todos los abogados actúan inescrupulosamente y sin ética, llevando un reclamo no viable y carente de responsabilidad médica a los estrados judiciales....(me pregunto con que fin) Enmarcándolo en un porcentaje, no superará el 20%, esto no se puede desconocer en su existencia, como tampoco las tarjetas que se reparten en hospitales, y yo también estoy en contra de estos abogados que deshonran la profesión, y a quienes el cliente debe reclamarle por encaramarse en un juicio sin sentido que desde el inicio sabía que no lo ganaría... (ahí tendremos un juicio de mala praxis contra el abogado)

Habrá el abogado efectuado el informe del médico legista? Se habrá documentado realmente? Sabrá que reclama? Pensó en los 4 supuestos de la responsabilidad civil? (Código Civil)

Ahora bien, remarquemos, como lo hago, que llegado a juicio, el caso "inventado" no llevará a ninguna indemnización...Esto es claro, primer postulado abajo.

Bueno, responden los médicos, pero igual lo molestaron al profesional y le ocasionaron gastos, a lo que contestó que sí tiene seguro, esto no fue así, ya que este pagara, le otorgaran incluso abogado para su defensa y el médico un poder, y se terminó...sin embargo, entra el segundo postulado:

2) ***"No tenemos por que tener seguro"....***es cierto, no es obligatorio, la ley no lo exige (aun) ...pero dadas las circunstancias que vivimos, me pregunto como hay profesionales que no lo tienen??? (Solo el 65 % está asegurado) Mentira que esto promueve una industria, mentira que es una industria, mentira que si el médico tiene seguro se le reclamara más....El paciente cuando llega al estudio desconoce si tiene seguro el médico o la clínica, solo se encuentra indignado en su pesar, en lo que le ocurrió producto de operarse o tratarse con ese médico o esa institución.

Concéntrese en el error Sres. médicos ¡!! Evítenlo!! Nosotros le encomendamos la vida!! ¡Fórmense, concéntrense en la relación con el paciente, humanícense, y no actúen con miedo que no es aconsejable ..! Concéntrense en ser buenos médicos

-que hay muchísimos-, y no en lo que pasará si no lo son!!
3) Otro postulado en contra: Es cierto, los clientes van a juicio con ***Beneficio de Litigar sin gastos*** sin embargo, estos médicos deben saber que si el cliente solicita este Beneficio, estos podrán pedir que los médicos (que actuarán como peritos) sean designados del Cuerpo médico forense, por tanto si ganan, tampoco deberán pagar gastos, y menos si tienen seguro, ya que este los asumirá!
Como le digo siempre a los médicos**: los abogados no enfermamos al paciente, ni juzgamos al medico, solo defendemos a nuestros clientes...**
Igual uno como abogado especialista en defender víctimas de mala praxis (médicas, de abogados, de arquitectos, psicólogos, etc.) sentimos que existe el error indebido del médico, el que podría haberse solucionado, y que el juicio posterior, no reparará ni volverá atrás en la mayoría de los casos...por tanto, dense cuenta, que aun cuando el beneficio de litigar sin gastos no existiera, el seguro no se contratará, ni las tarjetas en clínicas u hospitales se repartieran, ni la mediación existiera, y los abogados inescrupulosos dejarán de existir, se resolverían las atrocidades con los pacientes, saben que? SEGUIRÍAN EXISTIENDO... y por tanto, los juicios también...

Con esto quiero decir que sus postulados no tienen fuerza, carecen de sentido y promueven que más gente se anoticie que existe Mala praxis y les tiene más encono por tales postulados, porque en definitiva, no están reconociendo ningún error, sino que desligan todo en abogados truchos, que espero, sean los menos...

## 44. Consejos de abogada...

He recopilado con toda humildad, una serie de consejos, que provienen de la experiencia profesional, otros muchos los he leído de otros tantos libros...espero que los disfruten:

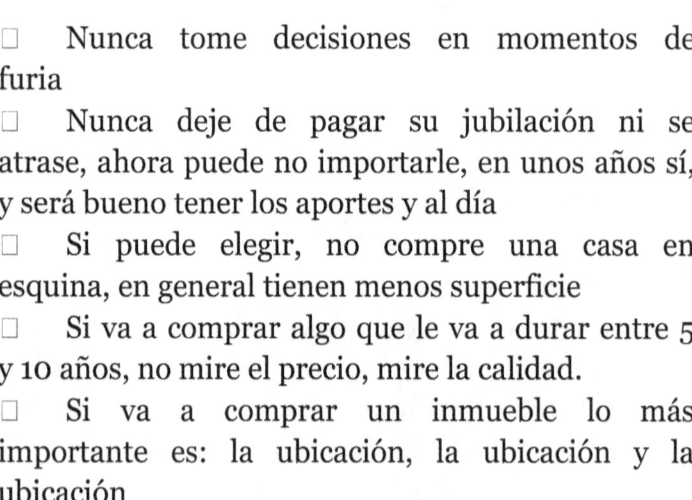

- Nunca tome decisiones en momentos de furia
- Nunca deje de pagar su jubilación ni se atrase, ahora puede no importarle, en unos años sí, y será bueno tener los aportes y al día
- Si puede elegir, no compre una casa en esquina, en general tienen menos superficie
- Si va a comprar algo que le va a durar entre 5 y 10 años, no mire el precio, mire la calidad.
- Si va a comprar un inmueble lo más importante es: la ubicación, la ubicación y la ubicación

- Nunca vaya detrás (en una avenida rápida o autopista), de un auto viejo o destartalado, recuerde que es el seguro de éste quién nos pagará en caso de accidente, y muchas veces estos no tienen seguro o tienen contratado uno que no suele cubrir la totalidad del siniestro
- Asesórese por alguien entendido en la materia antes de firmar cualquier documento
- Si no entiende, pregunte, no firme
- Cuando firme un documento, quédese con un ejemplar original firmado por la otra parte. Lo importante es que la firma sea original
- Siempre obtenga recibo por el dinero que entregue, el que debe tener firma y razón por la que se entrega (en concepto de...)
- Si puede, evite prestar el auto y la escritura de su casa
- Si puede, registre su casa como bien de familia
- Si es profesional, asegúrese en su responsabilidad civil
- Si visita un abogado, que sea por recomendación
- Si no esta conforme con el profesional que lo atiende, no tema hacer una interconsulta con otro (sea médico, psicólogo, abogado o arquitecto)
- Si puede, asegure su casa y su auto

- Cuando venda o compre un auto o un inmueble, siempre haga la transferencia para que en el registro correspondiente (automotor o de la propiedad), figure a nombre del verdadero dueño, para evitar luego inconvenientes
- Cuando pague una deuda en cuotas, instruméntelo en un documento y quédese con copia firmada en original por la otra parte
- Si se va de viaje, contrate seguro (de viaje) para que el placer no se transforme en dolor de cabeza
- Si quiere usucapir un inmueble (por el paso del tiempo) no deje de pagar los impuestos correspondientes y guardarlos.
- Si puede no pida prestado libros, cómprelos. Si puede, no preste tampoco los suyos
- Si esta mal, quéjese (puertas adentro), hágalo saber. Si estuvo bien, hágalo saber también, puertas afuera.
- Si la vida le diera limones...haga limonada

*Agradezco enormemente que se hayan interesado en éste libro y de verdad espero les agregue valor o se hayan enterado de cosas que no sabían. Nadie nos enseña cómo defendernos ni aun de forma básica o con un conocimiento chiquito de algunas cosas que debemos saber y creo haber resumido en esta, mi primer obra, algo de todo eso...*

*Gracias*

Vanesa Di Cataldo

www.ingramcontent.com/pod-product-compliance
Lightning Source LLC
Chambersburg PA
CBHW021353210526
45463CB00001B/93